චතුරාර්ය සත්‍යාවබෝධයට ධර්ම දේශනා....

මරණය ඉදිරියේ
අසරණ නොවීමට නම්

පූජ්‍ය කිරිබත්ගොඩ ඤාණානන්ද ස්වාමීන් වහන්සේ

චතුරාර්ය සත්‍යාවබෝධයට ධර්ම දේශනා....

මරණය ඉදිරියේ අසරණ නොවීමට නම්
පූජ්‍ය කිරිබත්ගොඩ ඤාණානන්ද ස්වාමීන් වහන්සේ

© සියලුම හිමිකම් ඇවිරිණි.
ISBN : 978-955-0614-59-2

ප්‍රථම මුද්‍රණය : ශ්‍රී බු.ව. 2555 ක් වූ වප් මස පුන් පොහෝ දින
දෙවන මුද්‍රණය : ශ්‍රී බු.ව. 2556 ක් වූ පොසොන් මස පුන් පොහෝ දින
තෙවන මුද්‍රණය : ශ්‍රී බු.ව. 2556 ක් වූ නිකිණි මස පුන් පොහෝ දින

- සම්පාදනය -
මහමෙව්නාව භාවනා අසපුව
වඩුවාව, යටිගල්ඔළුව, පොල්ගහවෙල.
දුර : 037 2244602
info@mahamevnawa.lk | www.mahamevnawa.lk

- පරිගණක අකුරු සැකසුම, පිටකවර නිර්මාණය සහ ප්‍රකාශනය -
මහාමේඝ ප්‍රකාශකයෝ
වඩුවාව, යටිගල්ඔළුව, පොල්ගහවෙල.
දුර : 037 2053300, 0773216685
mahameghapublishers@gmail.com | www.mahameghapublishers.com

- මුද්‍රණය -
ලීඩ්ස් ග්‍රැෆික්ස් (පුද්.) සමාගම,
අංක 356 E, පන්නිපිටිය පාර, තලවතුගොඩ.

චතුරාර්ය සත්‍යාවබෝධයට ධර්ම දේශනා....

මරණය ඉදිරියේ අසරණ නොවීමට නම්

පූජ්‍ය කිරිබත්ගොඩ ඤාණානන්ද ස්වාමීන් වහන්සේ
විසින් පවත්වන ලද සදහම් වැඩසටහන් වලදී දේශනා කරන ලද
සූත්‍ර දේශනා ඇසුරෙනි.

මහාමේඝ
MAHAMEGHA

ප්‍රකාශනයකි

පෙළගැස්ම....

"දසබලසේලප්පභවා නිබ්බානමහාසමුද්දපරියන්තා
අට්ඨංග මග්ගසලිලා ජිනවචනනදී චිරං වහතූති"

දසබලයන් වහන්සේ නමැති ශෛලමය පර්වතයෙන් පැන නැගී
අමා මහා නිවන නම් වූ මහා සාගරය අවසන් කොට ඇති
ආර්ය අෂ්ටාංගික මාර්ගය නම් වූ සිහිල් දිය දහරින් හෙබි
උතුම් ශ්‍රී මුඛ බුද්ධ වචන ගංගාව
(ලෝ සතුන්ගේ සසර දුක නිවාලමින්)
බොහෝ කල් ගලාබස්නා සේක්වා!

(සළායතන සංයුත්තය - උද්දාන ගාථා)

නමෝ තස්ස භගවතෝ අරහතෝ සම්මාසම්බුද්ධස්ස
ඒ භාග්‍යවත් අරහත් සම්මා සම්බුදුරජාණන් වහන්සේට නමස්කාර වේවා!

01.
අනාථපිණ්ඩිකෝවාද සූත්‍රය

(මජ්ඣිම නිකාය 3 - සළායතන වර්ගය)

ශ්‍රද්ධාවන්ත පින්වතුනි,

බුදුරජාණන් වහන්සේගේ ධර්මය අවබෝධ කිරීමට වුවමනා මූලික සුදුසුකම තමයි, "යෝනිසෝ මනසිකාරය." ඒ කියන්නේ ධර්මයට අනුකූලව තමන්ගේ චින්තනය හසුරුවන්න පුළුවන්කම. අන්න ඒ සිතීමේ හැකියාවත් එක්කයි, අවබෝධය විවෘත වෙන්නේ. සිතීමේ හැකියාව නැති, බොළඳ සිතක් තියෙන කෙනාට මේ ධර්මය දකින්න බැහැ. ධර්මය දකින්න නම් හොඳ මෝරපු කල්පනාවක් අවශ්‍යයි. මෝරපු කල්පනාවක් කියන්නේ, වයසට යනකොට ඇතිවෙන එකක් නෙමෙයි. මෝරපු කල්පනාව කියන්නේ ධර්මයට අනුකූලව සිතන්න පුළුවන්කමයි. ඒ නිසා ජීවිතය ගැන ගැඹුරින් කල්පනා කරන්න පුළුවන්කම අපට මේ ධර්ම මාර්ගයේදී බොහෝම ප්‍රයෝජනවත් වෙනවා.

මේ පින්වතුන්ට අද අපි කියාදෙන්නේ, මජ්ඣිම නිකායේ තුන්වන කොටසට අයිති අනාථපිණ්ඩිකෝවාද සූත්‍ර දේශනයයි. මේ දේශනාව සාරිපුත්ත මහරහතන් වහන්සේ විසින් අනාථපිණ්ඩික සිටුතුමා මරණාසන්න වෙච්ච වෙලාවේදී එතුමා ළඟට ගිහින් කරනලද සුවිශේෂී දේශනාවක්.

අග්‍ර දායකතුමාගේ සරණාගමනය...

අනාථපිණ්ඩික සිටුතුමාගේ ගිහි නම සුදත්ත. මෙයා හොඳ වෙළඳ ව්‍යාපාරිකයෙක්. අද කාලේ හැටියට ගත්තොත් බැංකුකරුවෙක්. දවසක් මෙයා සැවැත් නුවර ඉඳලා රජගහ නුවරට ආපු වෙලාවේ, "බුදුරජාණන් වහන්සේ නමක් පහළවෙලා" කියලා ආරංචි වුණා. බුද්ධ කියන වචනය ඇහුණා විතරයි, මෙයාගේ ඇඟ කිළිපොළා ගියා. "ආශ්චර්යවත් උත්තමයෙකුගේ නම අහන්න ලැබුණා" කියලා ඇඟේ හිරිගඬු පිපිලා විස්මයට පත්වුණා.

උතුම් ගමනකට සොඳුරු මග හසර....

එදා රෑ මෙයාට නින්දගියේ නෑ. බුදුරජාණන් වහන්සේ ගැනම හිත හිතා හිටියා. වරින් වර ඇහැරෙන්න පටන් ගත්තා. බුදුරජාණන් වහන්සේ ගැන සිතීම නිසා, මෙයාගේ හිතේ ශ්‍රද්ධාව කොයිතරම් බලවත් වුණාද කියනවා නම්, පංච නීවරණ යටපත් වෙලා ආලෝක සංඥාව ඇතිවුණා. දැන් මෙයාට පේන්නේ හොඳට එළිය වැටිලා වගේ. ඒ නිසා පාන්දරින්ම නැගිටලා බුදුරජාණන් වහන්සේව දකින්න පිටත්වුණා. ඒ වෙලාවේ නගරයේ දොරටු ඇරලයි තිබුණේ. පාරේ කිසිම කෙනෙක් නෑ. යම් මොහොතක මෙයාගේ හිත එකපාරටම ගැස්සුණා. හිත ගැස්සෙන කොට ආයේ පංච නීවරණ ඇතිවෙලා

ආලෝක සංඥාව නැතිවුණා. වටපිටාවම කළුවර වෙලා ගියා. එතකොටම අහසින් හඬක් ඇසෙන්න පටන් ගත්තා.

"සතං හත්ථී සතං අස්සා සතං අස්සතරී රථා,
සතං කඤ්ඤාසහස්සානි ආමුත්තමණිකුණ්ඩලා,
ඒකස්ස පදවීතිහාරස්ස කලං නාග්ඝන්ති සෝළසිං"

"අශ්වයින් සියයක් ලැබුණත්, හස්තීන් සියයක් ලැබුණත්, සර්වාභරණයෙන් සැරසූ කන්‍යාවන් ලක්ෂයක් ලැබුණත්, ඒ එකක්වත් බුදුරජාණන් වහන්සේව බැහැදකින්න යන ගමනේ තබන එක පියවරකින් සොළොස් කළාවෙන් එකක් තරම්වත් වටින්නේ නැහැ."

එතකොට ආයෙමත් සුදත්ත සිටුතුමාගේ හිත බුදුරජාණන් වහන්සේ කෙරෙහි පැහැදිලා, නීවරණ යටපත් වෙලා ආලෝක සංඥාව ඇතිවුණා. ආයෙමත් හොඳට පාර පැහැදිළිව පේන්න ගත්තා. ඉතින් මෙයා එළිය වැටෙන්නත් කලින් හිමිදිරි පාන්දරම බුදුරජාණන් වහන්සේව බැහැදකින්න යනකොට, උන්වහන්සේ එළිමහනේ වැඩසිටියා.

සුපින්වත් ජීවිතයක වාසනාවන්ත අවසන් හෝරාව....

එළිමහනේ වැඩසිටිය බුදුරජාණන් වහන්සේ, "සුදත්ත මෙහෙ එන්න" කියලා අඬගැහුවා. සුදත්තට හරි සතුටක් ඇතිවුණා. "අනේ, බුදුරජාණන් වහන්සේ මගේ නම කියලාම කතා කළානේ" කියලා. එදා සුදත්ත බුදුරජාණන් වහන්සේගෙන් ධර්මය අහලා සෝතාපන්න වුණා. ඊට පස්සේ සැවැත් නුවර ජේතවනාරාම භූමිය රන් කහවණු අතුරලා මිලදී ගත්තා. සක්මන් මළු, කුටි, විහාර සහිතව

විශාල ආරාමයක් හදලා බුදුරජාණන් වහන්සේට පූජා කළා. මෙතුමාගේ ශ්‍රද්ධාව කොයිතරම්ද කියනවා නම්, සැවැත් නුවර ජේතවනාරාමයේ බුදුරජාණන් වහන්සේ වෙනුවෙන් සඳුන් ලීයෙන්, වහළ හතකින් සමන්විත කුටියක් හදලා පූජා කළා. බුදුරජාණන් වහන්සේ කොයිතරම් නිකෙලෙස් උත්තමයෙක් ද කියන්නේ, උන්වහන්සේට මේ සඳුන් ලීයෙන් හදපු ගන්ධ කුටියෙත්, එළිමහනේ ගසක් යටත් කිසිම වෙනසක් තිබුණේ නැහැ. බුදුරජාණන් වහන්සේ වස් කාලෙට ජේතවනාරාමයේ වැඩඉඳලා, ආයෙමත් චාරිකාවේ වඩිනකොට පිටත් වෙලා යන්නේ, ඒ කුටිය දිහා ආපහු හැරිලා බලන්නේවත් නැතුවයි.

අනාථපිණ්ඩික සිටුතුමා වැඩිපුරම කල්පනා කළේ, බුද්ධෝපස්ථාන සංඝෝපස්ථාන ගැන මිසක් ධර්මය ගැන නෙවෙයි. ඒ නිසා එතුමාගේ ජීවිතයේ අවසාන මොහොතේ තමයි, අද අපි මේ කියලා දෙන මේ වගේ ගැඹුරු දේශනාවක් අහන්න ලැබුණේ.

බුද්ධ ශාසනය තුළ ලොකු පොඩි බේද නැහැ.....

කල්පනා කිරීමේ හැකියාව ලොකු පොඩි හැම කෙනෙකුටම තියෙනවා. දවසක් බුදුරජාණන් වහන්සේ සක්මන් කර කර ඉන්න වෙලාවේ, අවුරුදු හතක් වයස චූටි රහතන් වහන්සේ නමක් කුටියෙන් එළියට ඇවිල්ලා, බුදුරජාණන් වහන්සේ සක්මන් කරන දිහා බලාගෙන ඉඳලා, ඒ විදිහටම සක්මන් කරන්න පටන් ගත්තා. ඒ තමයි චූටි සෝපාක රහතන් වහන්සේ. සක්මන් කරලා අවසන් වුණාම, බුදුරජාණන් වහන්සේ ලස්සන ප්‍රශ්නයක් ඇහැව්වා.

"හා! කියන්න බලන්න එක කියන්නේ මොකක් ද?" කියලා.

මේ චූටි රහතන් වහන්සේ උත්තර දෙනවා "සියලු සත්වයෝම ආහාර නිසයි ජීවත් වෙන්නේ. ඒක තමයි එක" ඊට පස්සේ බුදුරජාණන් වහන්සේ අහනවා "හොඳයි, හොඳයි එහෙනම් කියන්න බලන්න දෙක කියන්නේ මොකක් ද?"

අර චූටි රහතන් වහන්සේ කියනවා, "දෙක කියන්නේ නාමරූප වලට. බැරිවෙලාවත් ඔය කතාව දන් ඉන්න ආච්චි කෙනෙක්ගෙන් ඇහුවොත් එහෙම, එයා කියයි "කරාබු දෙක" කියලා. ඇයි, කල්පනාවේ තියෙන්නේ මේ ලෞකික ජීවිතේ අඳින පළඳින, කන බොන දේවල් ගැන විතරමයිනේ.

ඊළඟට බුදුරජාණන් වහන්සේ ඇහැව්වා "එහෙනම් කියන්න බලන්න තුන කියන්නේ මොකක්ද?" මේ චූටි රහතන් වහන්සේ කියනවා "තුන කියන්නේ සැප වේදනාව, දුක් වේදනාව, උපේක්ෂා වේදනාව කියන වේදනා තුනටයි". අන්න බලන්න වයස අවුරුදු හතක් වුනාට හිත කොයිතරම් මෝරලාද කියලා.

බොළඳ වෙලා ධර්මය අල්ලන්න බැහැ....

මේ ධර්මය තේරුම්ගන්න නම්, හොඳට මෝරපු කල්පනාවක් තියෙන්න ඕනේ. බොළඳ වෙලා, හුරතල් වෙලා, නැළවි නැළවි ඉන්න ගියොත්, ඒ කෙනාට මේ ධර්මය නම් අල්ලන්න ලැබෙන්නේ නැහැ. ඊළඟට බුදුරජාණන් වහන්සේ මේ චූටි රහතන් වහන්සේගෙන් අහනවා "එහෙනම් හතර කියන්නේ මොකක්ද?" "හතර කියන්නේ, චතුරාර්ය සත්‍යයටයි" කිව්වා. බුදුරජාණන්

වහන්සේ ඇහුවා "එහෙනම් කියන්න, බලන්න පහ කියන්නේ මොකක්ද?" කියලා. මේ චූටි රහතන් වහන්සේ කියනවා "පහ කියන්නේ පංච උපාදානස්කන්ධයටයි" කියලා. දැන් අද කාලේ ඉන්න ආච්චි කෙනෙක්ගෙන් එහෙම ඇහුවොත්, "ආ... මේ අහන්නේ මගේ ළමයි පස් දෙනා ගැන නේද?" කියලා ළමයි ගැන කියන්න පටන් ගනියි. මොකද අපේ සිතීමේ හැකියාව ලෞකික ස්වභාවය ඉක්මවලා ගිහිල්ලා නැහැ.

අවුරුදු හතයි. ඒත් ප්‍රඥාව සම්පූර්ණයි...

ඊළඟට බුදුරජාණන් වහන්සේ අහනවා "හය කියන්නේ මොකක්ද?" කියලා. එතකොට මේ චූටි රහතන් වහන්සේ කියනවා "බුදුරජාණන් වහන්ස, හය කියන්නේ මේ ඇස, කන, නාසය, දිව, කය, මනස කියන ආයතන හයටයි" කියලා. ඊළඟට ඇහුවා "එහෙනම් කියන්න බලන්න හත කියන්නේ මොකක්ද?" පුංචි සෝපාක රහතන් වහන්සේ බුදුරජාණන් වහන්සේට පිළිතුරු දෙනවා "හත කියන්නේ සප්ත බොජ්ඣංගවලටයි" කියලා. ඊළඟට ඇහුව "අට කියන්නේ මොකේටද?" කියලා. මේ චූටි රහතන් වහන්සේ කියනවා "අට කියලා කියන්නේ, ආර්ය අෂ්ටාංගික මාර්ගයටයි" කියලා.

ගැඹුරු ප්‍රඥාවට සොඳුරු ත්‍යාගයක්...

ඊළඟට බුදුරජාණන් වහන්සේ අහනවා "එහෙනම් කියන්න බලන්න නවය කියන්නේ මොකේටද?" "නවය කියලා කියන්නේ, සත්වයින් උපදින සත්වයන්ගේ වාසස්ථාන නවය වන, නව සත්තාවාසවලටයි" කිව්වා. ඊළඟට බුදුරජාණන් වහන්සේ ඇහැව්වා "දහය කියන්නේ මොකක්ද?" කියලා. මේ චූටි සෝපාක රහතන් වහන්සේ

පිළිතුරු දෙනවා "දහය කියලා කියන්නේ, අංග දහයකින් යුක්ත වූ රහතන් වහන්සේටයි" කියලා. ඒ වෙලාවේ බුදුරජාණන් වහන්සේ වදාළා "බොහෝම හොඳයි. මේ ප්‍රශ්න දහයටම දුන් පිළිතුරු හරියටම හරි" කියලා. අන්න ඒ වෙලේ බුදුරජාණන් වහන්සේ වදාළා "එහෙනම් ඔයා අද ඉඳන් උපසම්පදා" කියලා. බලන්න පුංචි වුණාට කොයිතරම් මෝරපු කල්පනාවක්ද තිබ්බේ කියලා.

වයසට ගියා කියලා කල්පනාව මෝරන්නේ නැහැ...

දැන් බලන්න කෙනෙකුගේ ධර්ම අවබෝධය කියන එක වයසත් එක්ක ලැබෙන එකක් නොවෙයි. මෝරපු කල්පනාවක් එක්කයි ධර්මාවබෝධය කරා යන්නේ. මෝරපු කල්පනාවක් තියෙනවා නම්, වයස් බේදයකින් තොරව, අවුරුදු හතක කෙනෙකුට වුණත් මේ ධර්මය අවබෝධ කරන්න පුළුවන්. මෝරපු කල්පනාවක් නැත්නම්, කොච්චර කිව්වත් එයාට තේරෙන්නේ නැහැ. ඒ නිසා අපි අලුතින්ම හිතාමතාම, ධර්මයට අනුකූලව හිතන ක්‍රමය සකස්කර ගන්න පුරුදුවෙන්න ඕනේ. යථාර්ථය අවබෝධ වන විදිහට ගැඹුරින් හිතන්න පුළුවන් වුණොත්, අපට මේ ජීවිතය තුළදීම චතුරාර්ය සත්‍ය අවබෝධය කරා යන්න පුළුවන්කම තියෙනවා.

සැදැහැවත් උපාසකයෙකුගේ අවසන් ආයාචනය....

ඉතින් අනාථපිණ්ඩික සිටුතුමා අසනීපවෙච්ච වෙලාවේ, බුදුරජාණන් වහන්සේට පණිවිඩයක් යැව්වා. "භාග්‍යවතුන් වහන්සේට කියන්න, 'අනාථපිණ්ඩික සිටුතුමා ඔබවහන්සේගේ සිරිපතුල් වන්දනා කරනවා' කියලා. ඒ

වගේම අනාථපිණ්ඩික සිටුතුමා අසනීපවෙලා අසාධ්‍ය තත්වයෙන් ඉන්නවා කියලත් උන්වහන්සේට මතක් කරන්න. ඊට පස්සේ සැරියුත් මහරහතන් වහන්සේ ළඟට යන්න. ගිහින් සැරියුත් මහරහතන් වහන්සේගේ සිරිපතුල් වන්දනා කරන්න, 'අනාථපිණ්ඩික සිටුතුමා වෙනුවෙන්ය මේ වන්දනා කරන්නේ' කියලා. ඊට පස්සේ සැරියුත් මහරහතන් වහන්සේටත් මතක්කර සිටින්න අනාථපිණ්ඩික සිටුතුමා හොඳටම අසාධ්‍ය තත්වයෙන් සිටින්නේ. ඒ නිසා අනුකම්පා උපදවා, මාව බලන්න වඩින සේක්වා!" කියලා.

අනාථපිණ්ඩික සිටුතුමා මේ විදිහට කරුණු කියලා එක්තරා පුරුෂයෙක්ව ජේතවනාරාමයට පිටත් කරලා හැරියා. ඉතින් ඔහු ගිහින් අනාථපිණ්ඩික සිටුතුමා වෙනුවෙන් බුදුරජාණන් වහන්සේට වන්දනා කරලා පණිවිඩයත් කියලා, ඊළඟට සාරිපුත්ත මහරහතන් වහන්සේව හොයා ගෙන ගියා. උන්වහන්සේටත් වන්දනා කරලා, මේ පණිවිඩය කිව්වා. ඒ පණිවිඩය සතුටින් පිළිගත් සැරියුත් මහරහතන් වහන්සේ ආනන්ද ස්වාමීන් වහන්සේත් සමඟ අනාථපිණ්ඩික සිටුතුමාගේ නිවසට වැඩම කළා.

සෝතාපන්න කෙනෙකුගේ වෙනස....

ඒ වෙලාවේදී සාරිපුත්ත මහරහතන් වහන්සේ අනාථපිණ්ඩික සිටුතුමාගෙන් අහනවා "පින්වත් සිටුතුමනි, දැන් ඔබේ අසනීප තත්වය කොහොමද?" "ස්වාමීනී, හොඳටම අමාරුයි. අඩු වෙන පාටක් නම් පේන්න නැහැ. මගේ මේ වේදනාවන් එන්න එන්නම වැඩිවෙනවා. අනේ ස්වාමීනි, මගේ ඔළුවට තියුණු ආයුධයකින් කවුරුහරි ගහනවා වගේ විශාල වේදනාවක් දැනෙනවා. ස්වාමීනි, මට ඉවසාගන්න බැරි විදිහටම ඒ වේදනාවන් වැඩිවෙනවා."

කැරකි කැරකි ධර්මයටමයි...

"අනේ ස්වාමීනි, ශක්තිමත් පුරුෂයෙක් ගොරෝසු කඹයකින් මගේ මේ ඔළුව වෙළලා, ඒ කඹේ දෙපැත්තට අදින කොට ඇතිවෙන වේදනාව වගේ බලවත් වේදනාවක් මගේ මේ හිසේ තියෙනවා. ස්වාමීනි, හරක් මරණ මිනිහෙක් තියුණු ආයුධයකින් හරකෙකුගේ බඩ බොකු කපන කොට ඇතිවෙන වේදනාව යම් ආකාරද, අන්න ඒ වගේ වේදනාවක් මගේ මේ බඩට දැනෙනවා. ඒ වගේම ස්වාමීනි, බලවත් පුරුෂයෝ දෙන්නෙක් මගේ අත් දෙකෙනුයි, කකුල් දෙකෙනුයි අල්ලාගෙන ගිහිල්ලා ගිනි අඟුරු ගොඩකට දමලා රත්කරනවා වගේ දැවිල්ලක් මගේ මේ ඇඟේ තියෙනවා."

දැන් බලන්න, රහතන් වහන්සේ නමක් එක්ක සෝවාන්වෙච්ච ගිහි උපාසකයෙක් කතාකරපු විදිහ. අද කාලේ තිසරණයේ පිහිටපු නැති, පෘථග්ජන කෙනෙක් මේ විදිහට අසනීප වුණොත් එහෙම කියයි "අනේ හාමුදුරුවනේ මට ආශිර්වාද කරන්න. මට අපලයක්ද දන්නේ නෑ. ඉක්මනට මගේ කේන්දරේ බලවන්න. මට කවුරුවත් මොනවවත් කරලද දන්නේ නෑ" කියලා. දැන් බලන්න සෝතාපන්නවුණ කෙනෙක්ගේ තියෙන වෙනස. ඒ කෙනාගේ කයට කොච්චර වේදනා දැනුණත්, එයා මේක ආර්ය සත්‍යක් හැටියටම දකිනවා මිසක් මිථ්‍යා දෘෂ්ටියකට හිත වට්ටගන්නේ නෑ.

නියම ආශීර්වාදය ලැබුණා...

ඒ වෙලාවේ සාරිපුත්ත මහරහතන් වහන්සේ අනාථපිණ්ඩික සිටුතුමාට වදාළා, "පින්වත් ගෘහපතිය, ඔන්න මම දැන් ධර්මය කියනවා. ඔබ මේ විදිහට පුරුදු

කරන්න ඕනෑ. මේ ඇසට නම් මම බැඳෙන්නේ නැහැ, ඇසට බැඳුණු විඤ්ඤාණයක් පවත්වන්නේ නැහැ කියලා හික්මෙන්න ඕනි. මේ කනට නම් මම බැඳෙන්නේ නැහැ, කනට බැඳුණු විඤ්ඤාණයක් පවත්වන්නේ නැහැ කියලා හික්මෙන්න ඕනි. මේ නාසයට නම් මම බැඳෙන්නේ නැහැ, නාසයට බැඳිච්ච විඤ්ඤාණයක් පවත්වන්නේ නැහැ. මේ දිවට නම් මම බැඳෙන්නේ නැහැ, දිව හා බැඳිච්ච විඤ්ඤාණයක් පවත්වන්නෙත් නැහැ. මම මේ කයට බැඳෙන්නේ නැහැ, කය හා බැඳුණු විඤ්ඤාණයක් නම් මම පවත්වන්නේ නැහැ. ඒ වගේම මම මේ මනසට බැඳෙන්නේ නැහැ. මනස හා බැඳිච්ච විඤ්ඤාණයක් පවත්වන්නේ නැහැ කියලා හික්මෙන්න ඕනි"

නොබැඳී ඉන්න නම් අවබෝධයක් තිබිය යුතුයි...

මේ විදිහට මේ ඇස, කන, නාසය, දිව, කය, මනස කියන ආයතන හයට නොබැඳී ඉන්න නම් ඒ ගැන යථාභූත ඤාණයක් තියෙන්න ඕනි. එයා "මේ ඇස අනිත්‍යයි. කන අනිත්‍යයි. නාසය අනිත්‍යයි. දිව අනිත්‍යයි. කය අනිත්‍යයි. මනස අනිත්‍යයි" කියලා ආයතන හය කෙරෙහිම අනිත්‍යතාවය තේරුම් අරගෙන තියෙන්න ඕනි. අන්න එයා එතකොට තේරුම් ගන්නවා, අනිත්‍ය දේ දුකයි කියලා. ඒ වගේම "මේ දුක් දේ මගේ වසඟයේ පවත්වන්න බැහැ" කියලා තේරුම් ගන්නවා. මෙන්න මේ විදිහට අවබෝධයකින් යුතුව යථාභූත ඤාණයක් ඇතුව ඉන්න කෙනා තමයි, "මම නම් මේවට බැඳෙන්නේ නැහැ" කියලා හිතේ සනිටුහන් කරගෙන නොබැඳී ඉන්න උත්සාහ කරන්නේ. මේ දේවල් ගැන අවබෝධයක් නැති සාමාන්‍ය

කෙනා, නිරන්තරයෙන්ම ජීවත්වෙන්නේ මේවාත් එක්ක එකතුවෙච්ච සිතින්මයි.

මරණාසන්න මොහොතේදී පවා මාර්ගඵල ලබන්න පුලුවන්.....

ඊළඟට සාරිපුත්ත මහරහතන් වහන්සේ අනාථපිණ්ඩික සිටුතුමාට මෙහෙම කියනවා. "පින්වත් ගෘහපතිය, ඔබ මෙන්න මේ විදිහටත් පුරුදු වෙන්න ඕනි. මම ඇසින් දකින රූපයට බැඳෙන්නේ නැහැ, ඒ රූපත් එක්ක බැඳිච්ච විඤ්ඤාණයක් පවත්වන්නේ නැහැ. කනෙන් අහන ශබ්දයට නම් මම බැඳෙන්නේ නැහැ, ඒ ශබ්දය හා බැඳිච්ච විඤ්ඤාණයක් මම පවත්වන්නේ නැහැ. නාසයට දැනෙන ගඳ සුවඳට මම බැඳෙන්නේ නැහැ, ගඳ සුවඳ හා බැඳිච්ච විඤ්ඤාණයක් පවත්වන්නේ නැහැ. දිවට දැනෙන රසයට මම බැඳෙන්නේ නැහැ, ඒ රසයත් එක්ක බැඳිච්ච විඤ්ඤාණයක් මම පවත්වන්නේ නැහැ. කයට දැනෙන පහසට මම බැඳෙන්නේ නැහැ, ඒ පහස හා බැඳිච්ච විඤ්ඤාණයක් මම පවත්වන්නේ නැහැ. මනසට දැනෙන අරමුණුවලට මම බැඳෙන්නේ නැහැ, ඒ අරමුණුවලට බැඳිච්ච විඤ්ඤාණයක් පවත්වන්නේ නැහැ" කියලා හික්මෙන්න කිව්වා. දැන් බලන්න මේ හොඳට සිහිය තියෙන, මරණාසන්න රෝගී කෙනෙකුට අවසාන මොහොතේ කරන අනුශාසනාව කොයිතරම් ගැඹුරට දිගින් දිගට යනවද කියලා. අනාගාමී කෙනෙකුට මේ අනුශාසනාව කළා නම්, එයා පිරිනිවන්පාන බව මේ අනුශාසනාව දිහා බලන කොට පේනවා. හොඳට සිහිය පිහිටුවාගෙන මරණාසන්න මොහොතේ පවා මාර්ගඵල අවබෝධයක් ඇතිකර ගෙන ප්‍රඥාව දියුණු කරගන්න පුළුවන්බවක් මේ ධර්මය තුළ තියෙනවා.

අද කාලේ බොහෝ දෙනෙකුට මේ වාසනාව නැහැ....

දැන් අපේ ගෙවල්වල කෙනෙක් මරණාසන්න වෙන කොට, අපටත් පුළුවන්කමක් තියෙන්න ඕනි, ඒ අයට ධර්මය කියල දීලා ධර්මය තුළ සිහිය පිහිටුවන්න. නමුත් වර්තමානයේ මැරෙන බොහෝ දෙනෙකුට ඒ විදිහට ධර්මය අහන්න වාසනාවක් නැහැ. සුගතියක හිත පිහිටුව ගන්න වාසනාවක් නැහැ. එක්කෝ අපි එයාව එක්කරගෙන ගිහිල්ලා, කාත් කවුරුවත් නැති රෝහලකට දානවා. රෝහලකට දැම්මට පස්සේ, හතර වටෙන්ම බට ගහලා පැත්ත පෙරල පෙරලා ඉන්ජෙක්ෂන් ගහනවා. එක්කෝ වීදුරු කාමරවල දාලා ඈත ඉඳන් බලාගෙන ඉන්නවා. සාමාන්‍යයෙන් බොහෝ දෙනෙකුට තිවිහැනහිල්ලේ ගෙදර මැරෙන්න අවස්ථාවක් ලැබෙන්නේ නැහැ. කොහොම හරි බේරගන්න කියලා ඉස්පිරිතාලේ අරගෙන දුවනවා මිසක් අර මරණාසන්න වෙච්ච කෙනාට ධර්මය කියල දීලා හිත සනසලා සුගතියක හිත පිහිටුවන්න උත්සාහ කරන්නේ නැහැ. මේ සමාජ ක්‍රමය හැදිලා තියෙන්නේ පුද්ගලයෙකුගේ අධ්‍යාත්මික ජීවිතය සුවපත් කරන්න උත්සාහ කරන විදිහට නෙවෙයි. හැම තිස්සේම බලන්නේ මොකක්හරි වෙච්ච ගමන්, "මගදි මැරුණත් කමක් නැහැ" කියලා ඉස්පිරිතාලෙට දුවන්නයි. අපි දන්නවා සමහරුන්ව හොඳ කරන්න අමාරුයි කියලා ඉස්පිරිතාල වලින් ගෙදර එවනවා. එහෙම වුණත් ඒ අයට ධර්මය කියලා දීලා සුගතියක හිත පිහිටුවන්න, එයාගේ පරලොව ජීවිතයට ආරක්ෂාවක් සපයන්න උත්සාහ කරන බවක් පේන්නේ නැහැ.

මරණාසන්න දෙමාපියන්ට ලොකු අනතුරක්...

දැන් අපි හිතමු, ගෙදරක අම්මා කෙනෙක් හරි තාත්තා කෙනෙක් හරි ධර්මයේ හැසිරිලා ජීවිතයට යම් කිසි අවබෝධයක් ලබාගන්නවා කියලා. ඒ වුණාට ළමයි ඒ ලෝකේ නැහැ. බොහෝවිට ළමයි ඉන්නේ, මවාගත්තු සිහින ලෝකවල. ඒ දෙමව්පියෝ අසනීප වෙනකොට අර ළමයි කරන්නේ ධර්මය සිහිකරන එක නෙමෙයි. ඒ අයට ඕන දෙවල් තමයි කරන්න හදන්නේ. එක්කෝ ඉඩම් ලියාගන්න රණ්ඩු කරනවා. එහෙම නැත්නම් කෑම ටිකක් හදාගෙන ඇවිල්ලා ඒක කව කවා, තව දරුවෙකුට විරුද්ධව කේළාම් කියලා තරහ අවුස්සනවා. එහෙම නැත්නම් දරුවෝ ටික අර මරණාසන්න කෙනාගේ ඇඟට කෑ ගහගෙන පැනලා "අනේ යන්න එපා! අපිව දාලා යන්න එපා!" කියලා බදාගෙන කෑගහනවා. එතකොට බලන්න ධර්ම ඥාණයක් නැති, ජීවිතය ගැන ගැඹුරින් හිතපු නැති, දරුවෝ ටික අර මරණාසන්න දෙමව්පියන්ට කොයිතරම් අනතුරක් සිද්ධ කරනවාද කියලා.

අනේපිඬු සිටුතුමා හරි වාසනාවන්තයි...

ඒ අතින් බලනකොට අනාථපිණ්ඩික සිටුතුමා කොයිතරම් වාසනාවන්තද? "ඇසට බැඳෙන්න එපා. ඇහැට පෙනෙන රූපයට බැඳෙන්න එපා. රූපය හා බැඳිච්ච විඤ්ඤාණයක් පවත්වන්න එපා" කියලා මේ විදිහට සාරිපුත්ත මහරහතන් වහන්සේ ධර්මය කියනකොට, එතුමා හොඳ සිහියෙන් ඒක අහගෙන හිටියා. අන්න එතැනයි ධර්මය තියෙන්නේ. අන්න එතැනයි බුද්ධ ශාසනය තියෙන්නේ.

අද කාලේ මේ වගේ අවස්ථාවකට ධර්මය දන්නේ නැති ස්වාමීන් වහන්සේ නමක් ගෙන්නුවොත් උන්වහන්සේ කියයි, "ඔබතුමා බයවෙන්න එපා. ඔබතුමා පන්සලේ තාප්පේ හදලා තියෙනවා. සංඝාරාම කුළුණ හැදුවා. පන්සලේ බුදුපිළිමේ හදන්නත් උදව් කළා. ඔබතුමාගේ දරුවෝ දිහා බැලුවත් සතුටුවෙන්න පුළුවන්. එක පුතෙක් දොස්තර කෙනෙක්. අනිත් කෙනා ඉංජිනේරුවෙක්. ලොකු පුතා මුදලාලි කෙනෙක්. බැඳලා ඉන්න දුව ඉස්කෝලේ නෝනා කෙනෙක්. ඒ නිසා ඔබතුමාගේ ජීවිතය සාර්ථක ජීවිතයක්. ඒ ගැන සතුටු වෙන්න" කියයි. එතකොට යම් කෙනෙක් එහෙම කිව්වොත් ඒ තුළ එයාට ජීවිතය අවබෝධ කරගන්න හිතක් පහළ වෙනවාද? නැහැ. හිතන්න මොකවත් නැහැ. ඊට පස්සේ ඕනෙනම් අහගෙන ඉන්න" කියලා පිරිත් ටිකක් කියයි. නමුත් මෙයා පාළි දන්නේ නැති කෙනෙක් නම්, ධර්මය පුරුදු කරලා නැති කෙනෙක් නම්, ඒ පාළියෙන් කියන පිරිත් අහගෙන හිටියා කියලා, එයාගේ ජීවිතය අවබෝධයක් කරා යන්නේ නැහැ.

දැන් දැන්ම සිහිය දියුණුකර ගන්න...

මම ගොඩ කාලෙකට ඉස්සර ලෙඩෙකුට පිරිත් කියන්න ගියා. ගිහිල්ලා, ඒ මරණාසන්න වෙච්ච ලෙඩාට පිරිත් කිව්වා. මම පිරිත් කියලා ඉවරවුණාට පස්සේ, ඒ මනුස්සයා අමාරුවෙන් අමාරුවෙන් ළඟ ඉන්න කෙනාට කතාකරලා මොකක්ද ඇහැව්වා. මම ඒ වෙලාවේ ඒ කෙනාගෙන් ඇහුවා, "මොකක්ද ඒ කිව්වේ?" කියලා. "විකට් කීයද?" කියලයි අහලා තියෙන්නේ. මොකද ඒ? මැච් එක බල බලා ඉඳිද්දී තමයි, මෙයා ලෙඩ වෙලා අසාධ්‍ය තත්වයට පත්වෙලා ඉස්පිරිතාලේ එක්ක ඇවිල්ලා

තියෙන්නේ. මම ගිහින් පිරිත් කිව්වට මෙයාට ඇහෙන්නේ මැච් එකේ විස්තර කියනවා කියලා. දැන් බලන්න හිටපු ගමන් සිහිනැති වෙලා යනහැටි. මේක ජීවිතයට තියෙන පුංචි විපතක් නෙමෙයි. අපි මේ විපතින් අත්මිදෙන්න ඕනි. ඒකට කරන්න තියෙන්නේ, දැන් දැන්ම සතර සතිපට්ඨානය තුළ සිහිය පිහිටුවාගෙන, සිහිය දියුණු කරන එකයි.

මේ අවවාද බුදු සසුනක විතරමයි...

සාරිපුත්ත මහරහතන් වහන්සේ, අනාථපිණ්ඩික සිටුතුමාට තවදුරටත් ධර්ම කරුණු සිහිකරවනවා. උන් වහන්සේ ඊළඟට කිව්වා "පින්වත් ගෘහපතිය, ඔබ දැන් ඇසේ විඤ්ඤාණයට බැඳෙන්නේ නැහැ කියලත් හික්මෙන්න, ඇසේ විඤ්ඤාණය ආශ්‍රය කරගත් විඤ්ඤාණයක් පවත්වන්නේ නැහැ කියලත් හික්මෙන්න. කනේ විඤ්ඤාණයට බැඳෙන්නේ නැහැ කියලා හික්මෙන්න, කනේ විඤ්ඤාණය ආශ්‍රය කරගත් විඤ්ඤාණයක් පවත්වන්නේ නැහැ කියලා හික්මෙන්න. නාසයේ විඤ්ඤාණයට බැඳෙන්නේ නැහැ කියලා හික්මෙන්න, නාසයේ විඤ්ඤාණය ආශ්‍රය කරගත් විඤ්ඤාණයක් පවත්වන්නේ නැහැ කියලා හික්මෙන්න. පින්වත් ගෘහපතිය, ඔබ දිවේ විඤ්ඤාණයට බැඳෙන්නේ නැහැ කියලා හික්මෙන්න, දිවේ විඤ්ඤාණය ඇසුරුකරගෙන මේ විඤ්ඤාණය පවත්වන්නේ නැහැ කියලා හික්මෙන්න. කයේ විඤ්ඤාණයට බැඳෙන්නේ නැහැ කියලා හික්මෙන්න, කයේ විඤ්ඤාණය ඇසුරු කරගෙන මේ විඤ්ඤාණය පවත්වන්නේ නැහැ කියලා හික්මෙන්න. මනෝ විඤ්ඤාණයට බැඳෙන්නේ නැහැ කියලා හික්මෙන්න, මනෝ විඤ්ඤාණය ඇසුරු කරගෙන මේ විඤ්ඤාණය පවත්වන්නේ නැහැ කියලා හික්මෙන්න"

කරුණු දෙකක් නිසයි විඤ්ඤාණය හටගන්නේ...

ඔබ දන්නවා විඤ්ඤාණය හටගන්නේ, කාරණා දෙකක් නිසයි කියලා. ඇහෙන් රූපයක් දකින කොට විඤ්ඤාණය හටගන්නේ රූපයේ නෙමෙයි. ඇස තුළයි. ඒ නිසයි ඒකට "චක්ඛු විඤ්ඤාණය" කියන්නේ. කනෙන් ශබ්දයක් අහන කොට විඤ්ඤාණය හටගන්නේ කනේ. ඒ නිසා ඒකට "සෝත විඤ්ඤාණය" කියනවා. අපි මෙහෙම හිතමු. ඔන්න අපි ඈත ඉඳන් එනකොට ගෙදර මේසේ උඩ දූරියන් ගෙඩියක් තියලා තියෙනවා. ඔන්න නාසයට දූරියන් ගඳ දැනෙනවා. එතකොට හිතලා බලන්න, ඒ විඤ්ඤාණය තියෙන්නේ දූරියන්වලද? තමන්ගේ නාසයේද? නාසයේ තමයි විඤ්ඤාණය පිහිටන්නේ. ඒ වගේ තමයි, දිවට රසයක් දැනෙනකොට දිවේ තමයි විඤ්ඤාණය හටගන්නේ. කයට පහසක් දැනෙනකොට කයෙහි විඤ්ඤාණය හටගන්නේ. මනසට අරමුණක් දැනෙනකොට විඤ්ඤාණය හටගන්නේ අරමුණේ නෙමෙයි, මනසෙයි. අන්න ඒ විදිහට "ආයතන හය තුළ හටගන්නා විඤ්ඤාණයට ඇලෙන්න එපා" කියලයි සාරිපුත්ත මහරහතන් වහන්සේ අනාථපිණ්ඩික සිටුතුමාට වදාළේ.

තවදුරටත් හික්මෙන්න ඕනෑ...

සාරිපුත්ත මහරහතන් වහන්සේ තවදුරටත් මෙහෙම වදාළා "සිටුතුමනි, ඇසේ ස්පර්ශයට බැඳෙන්නේ නෑ කියලා හික්මෙන්න, ඇසේ ස්පර්ශයත් එක්ක එකතුවෙච්ච විඤ්ඤාණයක් පවත්වන්නේ නෑ කියලා හික්මෙන්න. කනේ ස්පර්ශයට බැඳෙන්නේ නෑ කියලා හික්මෙන්න, කනේ ස්පර්ශයත් එක්ක එකතුවුණ විඤ්ඤාණයක් පවත්වන්නේ

නෑ කියලා හික්මෙන්න. නාසයේ ස්පර්ශයට බැඳෙන්නේ නෑ කියලා හික්මෙන්න, නාසයේ ස්පර්ශයත් එක්ක එකතුවෙච්ච විඤ්ඤාණයක් පවත්වන්නේ නෑ කියලා හික්මෙන්න. පින්වත් සිටුතුමනි, ඔබ දිවේ ස්පර්ශයට බැඳෙන්නේ නෑ කියලා හික්මෙන්න, දිවේ ස්පර්ශයත් එක්ක එකතුවුණ විඤ්ඤාණයක් පවත්වන්නේ නෑ කියලා හික්මෙන්න. කයේ ස්පර්ශයට බැඳෙන්නේ නෑ කියලා හික්මෙන්න, කයේ ස්පර්ශයත් එක්ක එකතුවුණ විඤ්ඤාණයක් පවත්වන්නේ නෑ කියලා හික්මෙන්න. සිටුතුමනි, ඔබ මනසේ ස්පර්ශයට බැඳෙන්නේ නෑ කියලා හික්මෙන්න, මනසේ ස්පර්ශයත් එක්ක එකතුවුණ විඤ්ඤාණයක් පවත්වන්නේ නෑ කියලා හික්මෙන්න."

නිදහස් වීමේ හැකියාව අප තුළත් තියෙනවා...

දැන් ඔබ ස්පර්ශය කියන්නේ මොකක්ද කියලා හොඳට දන්නවා. ස්පර්ශය කිව්වේ, කරුණු තුනක එකතු වීම. ඇසේ ස්පර්ශය කිව්වේ, ඇසයි, රූපයයි, විඤ්ඤාණයයි එකතුවීම. මෙන්න මේ ඇසේ ස්පර්ශයටත් නොබැඳී, ඇසේ ස්පර්ශයත් එක්ක නොබැඳිච්ච විඤ්ඤාණයක් පවත්වන්න කියලයි හික්මෙන්න කිව්වේ. එතකොට බලන්න මේ ආයතන හය තුළම හටගන්න ස්පර්ශයට නොබැඳී, ඒ ස්පර්ශයත් එක්ක එකතු නොවෙච්ච විඤ්ඤාණයක් පැවැත්වීමේ හැකියාව, අපේ හිත තුළ තියෙනවා. අවබෝධයක් නැතිකම නිසාම අපි බැඳිලා හිටියට, අවබෝධයකින් යුතුව නොබැඳී සිටීමේ හැකියාව අපේ හිත තුළ තියෙනවා.

විඳීමට බැඳෙන්නෙත් නැහැ...

ඊළඟට සාරිපුත්ත මහරහතන් වහන්සේ අනේපිඬු

සිටුතුමාට වදාළා, "සිටුතුමනි, ඔබ ඇසේ ස්පර්ශයෙන් හටගන්න විඳීමට බැඳෙන්නෙත් නැහැ, ඇසේ ස්පර්ශය නිසා හටගත්ත විඳීමට බැඳිච්ච විඤ්ඤාණයක් පවත්වන්නේ නැහැ කියලත් හික්මෙන්න. කනේ ස්පර්ශයෙන් හටගන්න විඳීමට බැඳෙන්නෙත් නැහැ කියලා හික්මෙන්න, විඳීමත් එක්ක බැඳිච්ච විඤ්ඤාණයක් පවත්වන්නේ නැහැ කියලා හික්මෙන්න. නාසයේ ස්පර්ශයෙන් හටගන්න විඳීමට බැඳෙන්නෙත් නැහැ කියලා හික්මෙන්න, නාසයේ ස්පර්ශයෙන් හටගත්ත විඳීමත් එක්ක එකතුවෙච්ච විඤ්ඤාණයක් පවත්වන්නේ නැහැ කියලා හික්මෙන්න. දිවේ ස්පර්ශයෙන් හටගන්න විඳීමට බැඳෙන්නෙත් නැහැ කියලා හික්මෙන්න, දිවේ ස්පර්ශයෙන් හටගත්තු විඳීමත් එක්ක එකතුවෙච්ච විඤ්ඤාණයක් පවත්වන්නේ නැහැ කියලා හික්මෙන්න. පින්වත් ගෘහපතිය, ඔබ කයේ ස්පර්ශයෙන් හටගන්න විඳීමට බැඳෙන්නෙත් නැහැ කියලා හික්මෙන්න. කයේ ස්පර්ශයෙන් හටගත්තු විඳීමත් එක්ක එකතුවෙච්ච විඤ්ඤාණයක් පවත්වන්නේ නැහැ කියලා හික්මෙන්න. පින්වත් ගෘහපතිය, ඔබ මනසේ ස්පර්ශයෙන් හටගන්න විඳීමට බැඳෙන්නෙත් නැහැ කියලා හික්මෙන්න, ඒ විඳීමත් එක්ක එකතුවෙච්ච විඤ්ඤාණයක් පවත්වන්නේ නැහැ කියලා හික්මෙන්න."

ඇටි කෙහෙල් කාපු උදවිය වගේ...

දැන් බලන්න මේ කියන හැම එකකින්ම නිදහස් වෙන්න අපිට පුළුවන්කම තියෙනවා. නමුත් මේ සංසාරේ අපි මෙච්චර දවසක් කරලා තියෙන්නේ, නිදහස් වෙන්න හදපු එක නෙමෙයි. අපි බැඳි බැඳී, බැඳි බැඳී ගියා. කොයිතරම් බැඳිලා ගිහිල්ලද කියන්නේ, දැන් අපට වෙලා තියෙන්නේ අර ඇටි කෙහෙල් කාපු උදවියට වෙච්ච දේ

තමයි. මොකුත් කරගන්න බැරිව අපි හිරවෙලා. මේ බැඳීම නිසා අපි මේ සංසාරේ කොච්චර දුක් විඳින්න ඇද්ද?

සංයුත්ත නිකායේ ලක්ඛණ සංයුත්තයේ තියෙනවා ප්‍රේත ලෝකය ගැන ලොකු විස්තරයක්. මුගලන් මහරහතන් වහන්සේ සමහර ප්‍රේත ජීවිත දැකලා තියෙනවා, ඒ අයට තියෙන්නේ ඇටසැකිල්ල විතරයි. සමහර ප්‍රේතයින්ට ඇටසැකිල්ලත් නැහැ. බෝලයක් වගේ මස් ගුලියක් තියෙන්නේ. ඒ පෙරේතයා යන්නේ රෝල් වෙවී. ඒ සිද්ධිය කියෙව්වට පස්සේ මට හරීම පුදුම හිතුනා. "මෙහෙමත් සත්වයන් මේ ලෝකේ උපදිනවනේ" කියලා. බලන්න අපි මේ හැම දේකින්ම බේරිලා මනුස්ස ජීවිතයක් ලබලා, ධර්මය අවබෝධ කරන්නේ නැතුව පණ්ඩිතකම් කතා කර කර ඉන්නවා. "කෝ අපට පාරමී? කෝ අපට ත්‍රිහේතුක ප්‍රතිසන්ධි? ඕවා ඔහොම කරන්න පුළුවන් ද?" කිය කියා. බැරිවෙලාවත් මැරිලා ගිහින් මස් ගුලියක් වගේ ප්‍රේතයෙක් වුණොත් අර ඔක්කොම ඉවරයි.

සල්ලාලකමේ විපාක...

බුද්ධ දේශනාවල තියෙනවා, කුම්භාණ්ඩ පෙරේතයෝ කියලා ජාතියක්. කුම්භාණ්ඩ පෙරේතයෝ කියලා කියන්නේ, ඒ පෙරේතයන්ගේ අණ්ඩකෝෂය හරිම විශාලයි. ලොකු හාල් ගෝනියක් වගේ. මේවා කර්මානුරූපව සිද්ධවෙන දේවල්. මුට්ට කරගහගෙන යනවා වගේ, ඒක කරේ තියාගෙන තමයි ඇවිදින්නේ. එහෙම නැතුව ඇවිදගන්න බැහැ. මුට්ට කරගහගන්නවා වගේ අණ්ඩකෝෂ කරේ තියාගෙන කොන්ද නමාගෙන, හරී අමාරුවෙන් තමයි අරගෙන යන්නේ. ගිහින් ආයේ වාඩිවෙන කොට ඒ අණ්ඩකෝෂය බානවා. ඊට පස්සේ

ඒක උඩ තමයි වාඩිවෙන්නේ. බැරිවෙලාවත් අපි මේ වගේ ලෝකෙක එහෙම ඉපදුණොත් කවුද ඉන්නේ, අපව දුකින් නිදහස් කරවන්න.

අපි හිතන්නේ "මැරුණට පස්සේ පින් දුන්නහම ඒ ගොල්ලන්ට හරියයි" කියලනේ. නමුත් ඔන්න ජීවිතේ ඇත්ත තත්වය. ඒ නිසා හොඳට ශ්‍රද්ධාව පිහිටුවාගෙන, ධර්මය කරාමයි යන්න තියෙන්නේ. ධර්මයෙන් විතරයි තමන්ට පිහිටක් තියෙන්නේ. බාහිර ලෝකේ කිසිම කෙනෙකුට තමන්ට පිහිටවෙන්න බැහැ.

නිකෙලෙස් උතුමන්ගේ නොකැළැල් අවවාද...

සාරිපුත්ත මහරහතන් වහන්සේ, අනේපිඬු සිටුතුමාට ඒ විදිහට අවවාද කරලා ඊළඟට මෙහෙමත් විස්තර කරනවා. "පින්වත් ගෘහපතිය, ඔබ පඨවි ධාතුවට බැඳෙන්නේ නැහැ කියලා හික්මෙන්න. ඔබ ආපෝ ධාතුවට බැඳෙන්නේ නැහැ කියලා හික්මෙන්න. තේජෝ ධාතුවට බැඳෙන්නේ නැහැ කියලා හික්මෙන්න. වායෝ ධාතුවට බැඳෙන්නේ නැහැ කියලා හික්මෙන්න. ආකාස ධාතුවටත් බැඳෙන්නේ නැහැ කියලා හික්මෙන්න. ඒ විතරක් නෙමෙයි විඤ්ඤාණ ධාතුවටත් බැඳෙන්නේ නැහැ කියලා හික්මෙන්න. පින්වත් ගෘහපතිය, ඔබ මේ පඨවි, ආපෝ, තේජෝ, වායෝ, ආකාස, විඤ්ඤාණ කියන ධාතූන් සමඟ බැඳිච්ච විඤ්ඤාණයක් පවත්වන්නේ නැහැ කියලා හික්මෙන්න."

දැන් බලන්න මේ කියන්නේ රහතන් වහන්සේගේ විඤ්ඤාණයේ ස්වරූපය ගැන. රහතන් වහන්සේලාගේ විඤ්ඤාණය කිසිම දේකට බැඳිලා නැහැ. අන්න ඒ නිසයි,

පහන නිවිලා යනවා වගේ නිවිලා යන්නේ. බලන්න සාරිපුත්ත මහරහතන් වහන්සේ කොයිතරම් ආශ්චර්යවත් දේශනාවක්ද මේ මරණාසන්න වෙච්ච කෙනෙකුට දේශනා කරන්නේ කියලා.

අනේපිඬු සිටුතුමා හැබෑම පින්වන්තයෙක්...

ඊළඟට සාරිපුත්ත මහරහතන් වහන්සේ අනේපිඬු සිටුතුමාට මෙහෙම වදාළා. "පින්වත් ගෘහපතිය, ඔබ රූප ස්කන්ධයට බැඳෙන්නේ නැහැ කියලා හික්මෙන්න, ඔබ රූප ස්කන්ධයත් එක්ක බැඳිච්ච විඤ්ඤාණයක් පවත්වන්නේ නැහැ කියලා හික්මෙන්න. ඔබ වේදනා ස්කන්ධයට බැඳෙන්නේ නැහැ කියලා හික්මෙන්න. ඔබ වේදනා ස්කන්ධයත් එක්ක බැඳිච්ච විඤ්ඤාණයක් පවත්වන්නේ නැහැ කියලා හික්මෙන්න. පින්වත් ගෘහපතිය, ඔබ සංඥා ස්කන්ධයට බැඳෙන්නේ නැහැ කියලා හික්මෙන්න, ඔබ සංඥා ස්කන්ධයත් එක්ක බැඳිච්ච විඤ්ඤාණයක් පවත්වන්නේ නැහැ කියලා හික්මෙන්න. ඔබ සංස්කාර ස්කන්ධයට බැඳෙන්නේ නැහැ කියලා හික්මෙන්න, ඔබ සංස්කාර ස්කන්ධයත් එක්ක බැඳිච්ච විඤ්ඤාණයක් පවත්වන්නේ නැහැ කියලා හික්මෙන්න. පින්වත් ගෘහපතිය, ඔබ විඤ්ඤාණ ස්කන්ධයට බැඳෙන්නේ නැහැ කියලා හික්මෙන්න, ඔබ විඤ්ඤාණ ස්කන්ධයත් එක්ක බැඳිච්ච විඤ්ඤාණයක් පවත්වන්නේ නැහැ කියලා හික්මෙන්න."

එතකොට බලන්න රහතන් වහන්සේලාගේ විඤ්ඤාණය ආයතන එක්ක එකතුවෙලත් නෑ. ධාතු එක්ක එකතුවෙලත් නැහැ. පංච උපාදානස්කන්ධය එක්ක එකතුවෙලත් නැහැ.

අරූප ලෝකයත් ඉක්මවා යන්න...

ඊළඟට සාරිපුත්ත මහරහතන් වහන්සේ දේශනා කරනවා, "පින්වත් ගෘහපතිය, ඔබ ආකාසානඤ්චායතන අරූප ලෝකෙට බැඳෙන්නේ නැහැ කියලා හික්මෙන්න. ඔබ විඤ්ඤාණඤ්චායතන අරූප ලෝකයට බැඳෙන්නේ නැහැ කියලා හික්මෙන්න. ඔබ ආකිඤ්චඤ්ඤායතන අරූප ලෝකෙට බැඳෙන්නේ නැහැ කියලා හික්මෙන්න. ඔබ නේවසඤ්ඤානාසඤ්ඤායතන අරූප ලෝකෙට බැඳෙන්නේ නැහැ කියලා හික්මෙන්න. ඒ අරූප ලෝකයන් ඇසුරු කරගත්තු විඤ්ඤාණයක් පවත්වන්නේ නැහැ කියලා හික්මෙන්න."

බලන්න රහතන් වහන්සේ අත්විඳින්නේ කොයිතරම් නිදහස් ජීවිතයක් ද කියලා. එහෙම නිදහස් ජීවිතයක් අත්විඳින්න පුළුවන්ද කියලා අපිට හිතාගන්නවත් බැහැ. සාරිපුත්ත මහරහතන් වහන්සේ එතැනින් නතරවුණේ නැහැ. ඊළඟට උන්වහන්සේ දේශනා කරනවා "පින්වත් ගෘහපතිය, ඔබ මේ ලෝකයට බැඳෙන්නේ නැහැ කියලා හික්මෙන්න, මේ ලෝකයත් එක්ක එකතුවෙච්ච විඤ්ඤාණයක් පවත්වන්නේ නැහැ කියලා හික්මෙන්න. ඒ විතරක් නෙමෙයි පින්වත් ගෘහපතිය, ඔබ වෙන ලෝකයකට බැඳෙන්නේ නැහැ කියලා හික්මෙන්න, වෙන ලෝකයක් එක්ක බැඳිච්ච විඤ්ඤාණයක් පවත්වන්නේ නැහැ කියලා හික්මෙන්න."

සිහියත් නුවණත් තියෙන වීර්යවන්තයෙකුට පමණයි...

දැන් බලන්න මරණාසන්න කෙනෙකුට මේ විදිහට විස්තර කරගෙන යද්දී, මේක තේරුම්ගන්න නම්

හොඳට සිහිය තියෙන්න ඕනි. හොඳ වීරියක් තියෙන්නත් ඕනි. ප්‍රඥාවක් තියෙන්නත් ඕනි. සිතේ ඒකාග්‍රතාවයක් තිබෙන්නටත් ඕනි. අන්න එහෙම කෙනා තමයි, මරණ මොහොතේ පවා මේ ධර්මය අවබෝධ කරගන්නේ.

බුදු සසුනේ හරය විමුක්තියයි...

මේ බුද්ධ ශාසනයේ හරය සීලය නෙමෙයි. මේ බුද්ධ ශාසනයේ අරමුණ සමාධියත් නෙමෙයි. මේ බුද්ධ ශාසනයේ අරමුණ තමයි, ප්‍රඥාවෙන් පරිපූර්ණත්වයට පත් වෙලා විමුක්තිය ලබාගැනීම. එහෙනම් බුද්ධ ශාසනයක් පවතින්නේ විමුක්තිය හරය කරගෙනයි.

බුදුරජාණන් වහන්සේගේ කාලේ, එක ස්වාමීන් වහන්සේ නමක් අසනීපවෙලා "බුදුරජාණන් වහන්සේට වඩින්න" කියලා පණිවිඩයක් යැව්වා. බුදුරජාණන් වහන්සේ වැඩම කළාට පස්සේ, අර අසනීපවෙච්ච ස්වාමීන් වහන්සේට නැගිටගන්නවත් බැහැ. ඒ වුණාට ඇඳෙන් නැගිටගන්න උත්සාහ ගන්නවා. බුදුරජාණන් වහන්සේ ඒ භික්ෂුවට වදාළා, "හා! හා! පින්වත් භික්ෂුව, මහන්සි ගන්න එපා! තථාගතයන් වහන්සේට මේ පණවපු ආසන තියෙනවානේ. ඒනිසා ඔහොමම ඉන්න" කියලා. ඊට පස්සේ බුදුරජාණන් වහන්සේ වැඩඉඳලා, මේ ස්වාමීන් වහන්සේගෙන් මෙහෙම අහනවා. "පින්වත් භික්ෂුව, කොහොමද ඔබේ අසනීප තත්වය? එන්න එන්නම වැඩිවෙනවාද? අඩුවක් නැද්ද?" "අනේ භාග්‍යවතුන් වහන්ස, මේ අසනීප තත්වේ එන්න එන්නම වැඩිවෙනවා. අඩුවක් නම් පේන්නේම නෑ. මට හොඳටම අමාරුයි" කිව්වා. බුදුරජාණන් වහන්සේ ඇහුවා "පින්වත් භික්ෂුව, ඔබට සීලයෙන් යම්කිසි සිත් තැවුලක් තියෙනවාද? සම්පූර්ණ

කරගන්න බැරිවුණ ශික්ෂා පද තියෙනවාද?" "නැහැ" කිව්වා. බුදුරජාණන් වහන්සේ මෙහෙම අහන්නේ, අවසාන මොහොතේ හරි එයාව සිල්වත් කරලා පිරිසිදු කරන්නයි. ඊළඟට අහුවා "එහෙමනම් පින්වත් භික්ෂුව, මොකද ඔබ මෙච්චර දුකෙන් ඉන්නේ" කියලා. "අනේ ස්වාමීනී, භාග්‍යවතුන් වහන්ස, මට ඉස්සර සමාධිය තිබුණා. දැන් ඒක නැහැ. ඒකයි මම මේ දුකෙන් ඉන්නේ." ඒ වෙලාවේ බුදුරජාණන් වහන්සේ වදාළා "පින්වත් භික්ෂුව, මේ බුද්ධ ශාසනයේ හරය සමාධිය නම්, ඔබ ඔය විදිහට දුක්වුණාට කමක් නැහැ. නමුත් බුද්ධ ශාසනයේ හරය විමුක්තියයි." මෙහෙම කියලා බුදුරජාණන් වහන්සේ ධර්මය දේශනා කරගෙන ගියා. එතකොට අර ස්වාමීන් වහන්සේගේ හිතේ සමාධිය නැතිවීම නිසා තිබුණු දුක අයින්වෙලා, සමාධිය වැඩුණා. මරණාසන්න මොහොතේ ධර්මයත් අවබෝධ කළා.

අද අයට මේ වාසනාව නැහැ...

සාරිපුත්ත මහරහතන් වහන්සේ විසින් අනේපිඬු සිටුතුමාටත් වදාළේ, මෙලොව පරලොව දෙකටම නොබැඳිච්ච විඤ්ඤාණයක් ඇතිකර ගන්න කියලයි. මරණාසන්න මොහොතක මේ වගේ ධර්මයක් අහන්න ලොකු පිනක් කරලා තියෙන්න ඕනි. මේක අහනකොට ඔබට හිතෙන්නේ නැද්ද "අනේ අපිත් මරණාසන්න වෙනකොට මෙහෙම අවවාදයක් දීලා, අපේ හිත ධර්මය තුළ පිහිටුවන්න කෙනෙක් හිටියොත් ලොකු දෙයක් නේ" කියලා. අඩුගානේ මේ වගේ කැසට් පටියක් හරි දාලා දුන්නොත් කොයිතරම් දෙයක්ද? නමුත් බොහෝ දෙනෙකුට ඒ අවස්ථාව නැහැ. මරණාසන්න වෙනකොට ඉස්පිරිතාලවල එක්කෝ ඔපරේෂන් කාමරවල එහාට

මෙහාට පෙරළ පෙරළා ඉන්ජෙක්ෂන් ගහනවා. බැරි වෙලාවත් ගෙදර හිටියොත් දරුවෝ ටික එකතු වෙලා කෑගහගෙන ඇඟට පනිනවා. ඔන්න ඕකයි අද සිද්ධ වෙන්නේ.

කොයිතරම් පරිපූර්ණ අවවාදයක්ද?...

ඊළඟට සාරිපුත්ත මහරහතන් වහන්සේ, අනේපිඬු සිටුතුමාට කියනවා, "පින්වත් ගෘහපතිය, ඔබ ඇහෙන් දැකපු යමක් තියෙනවාද, කනෙන් අහපු යමක් තියෙනවාද, නාසයෙන් ආඝ්‍රාණය කරපු යමක් තියෙනවාද, දිවෙන් රස විඳපු යමක් තියෙනවාද, කයෙන් පහස ලබපු යමක් තියෙනවාද, ඒවා ගැන හිතෙන් හිත හිතා කල්පනා කර කර මනසින් ගොඩනඟාගත්තු යමක් තියෙනවාද, ඒ කිසිම දේකට බැඳෙන්නේ නෑ" කියලා හික්මෙන්න. ඒ විතරක් නෙමෙයි. "පින්වත් ගෘහපතිය, ඔබ ඒවා ඇසුරු කරගත්තු විඤ්ඤාණයක් පවත්වන්නේ නැහැ කියලා හික්මෙන්න" කිව්වා. බලන්න කොයිතරම් ආශිර්වාදයක් ජීවිතයකට ලබාදෙනවාද කියලා. ඉස්සෙල්ලාම ආයතන හය ගැන, විඳීම් ගැන කතාකළා. ඊළඟට ධාතු හය ගැන කතාකළා. ඊටපස්සේ පංච උපාදානස්කන්ධය ගැන, රූප අරූප ලෝක ගැන කතාකළා. මෙලොව පරලොව ගැන කතාකළා. ඊට පස්සේ ඇහෙන් දැකපු, කනෙන් අහපු, නාසයට දැනිච්ච, දිවට දැනිච්ච, කයෙන් විඳපු, සිතින් සිතපු දේවල් ගැන කතාකළා. බලන්න කොයිතරම් පරිපූර්ණ අවවාදයක්ද කියලා.

ගිහි අයටත් ගැඹුරු ධර්මය වැටහේවා...

සැරියුත් මහරහතන් වහන්සේ මේ විදිහට අනුශාසනා කරලා නිහඬවුණා. නිහඬවෙච්ච ගමන්

අනාථපිණ්ඩික සිටුතුමා අඬන්න පටන්ගත්තා. ආනන්ද හාමුදුරුවෝ හිතුවා, "අත්හැරගන්න බැරුව වෙන්න ඇති මේ අඬන්නේ" කියලා. ආනන්ද හාමුදුරුවෝ කිට්ටුවෙලා කිව්වා "පින්වත් ගෘහපතිය, ඔබ මේ අරමුණුවල බැඳෙනවා නේද? ඔබ මේ අරමුණුවල ගැලෙනවා නේද?" ඒ වෙලාවේ අනේපිඬු සිටුතුමා කියනවා "නැහැ ස්වාමීනි, මම ඇලෙන්නෙත් නැහැ. බැඳෙන්නෙත් නැහැ. මම බොහෝ කාලයක් බුදුරජාණන් වහන්සේව ඇසුරුකරගෙන හිටියා. මම බොහෝ මනෝභාවනීය භික්ෂූන් වහන්සේලාව ඇසුරු කළා. නමුත් මට මෙච්චර ලස්සන බණක් කවදාවත් අහන්න ලැබුනේ නෑ."

ඒ වෙලාවේ සාරිපුත්ත මහරහතන් වහන්සේ වදාළා, "පින්වත් ගෘහපතිය, සුදු වස්ත්‍ර ඇඳගෙන ගිහි ගෙදර ඉන්න කෙනෙකුට මේක එක පාරටම වැටහෙන්නේ නැහැ. මේ වගේ දේශනාවල් කරන්නේ පැවිදි වෙච්ච ස්වාමීන් වහන්සේලාටයි" කිව්වා. දැන් බලන්න මේ ප්‍රකාශය කරපු වෙලාවේ අනාථපිණ්ඩික සිටුතුමා "එහෙමයි ස්වාමීනි, එහෙමයි" කියලා කිව්වේ නැහැ. අනේපිඬු සිටුතුමා කියනවා "අනේ ස්වාමීනි, සුදු වස්ත්‍ර අඳින ගිහි අයටත් මේ ගැඹුරු ධර්මයම මේ විදිහට වැටහේවා."

අද ඉන්නේ රූකඩ වගේ බෞද්ධයෝ ටිකක්...

දැන් බලන්න අනාථපිණ්ඩික සිටුතුමාට මරණ මොහොතේදී පවා තිබුණු ස්වාධීන චින්තනය කොයිතරම්ද කියලා. අපේ රටේ එහෙම නම් කාටහරි කිව්වොත්, "භාවනා කරන්න එපා. ගිහි ජීවිතය අවුල්වෙයි. ඕක නවත්වලා දාන්න" කියලා. එයා ඒක හිස් මුදුනින්ම පිළිග න්නවා. පිළිඅරගෙන ඇවිල්ලා අපෙන් අහනවා "අසවලා

මෙහෙම කිව්වා මොකද කරන්නේ?" කියලා. හරියට රූකඩ වගේ. තමන්ට ස්වාධීන චින්තනයක් නැහැ. පිට අය තමයි නූල අදින්නේ. නූල හොල්ලන කොට අතපය නටවනවා. ධර්මය අවබෝධ කරන්න නම් ඒ කෙනාට හොඳ ආත්ම ශක්තියක්, ස්වාධීන චින්තනයක් තියෙන්න ඕනි.

දැන් බලන්න අනාථපිණ්ඩික සිටුතුමා, සුළුපටු කෙනෙක් එක්ක නෙමෙයි මෙහෙම කියන්නේ. සාරිපුත්ත මහරහතන් වහන්සේ එක්කයි මේ කියන්නේ. ඉතින් එතුමා කියනවා "අනේ ස්වාමීනි, සුදු වස්ත්‍ර අඳින ගිහි අයටත් මේ ධර්මය වැටහේවා. කෙලෙස් අඩු අය මේ ගිහි ජීවිතය තුළ ඉන්නවා. ධර්මය අවබෝධ කරගන්න බැරිවුණොත් ඒ අය අමාරුවේ වැටෙනවා. ධර්මය අහන්න ලැබුණොත් ඒ අය අවබෝධ කරනවා" කියලා. සාරිපුත්ත මහරහතන් වහන්සේ නිහඬව ඒක පිළිඅරගෙන තියෙනවා. ඊට පස්සේ ටික වෙලාවකින් සාරිපුත්ත මහරහතන් වහන්සේ, ආනන්ද හාමුදුරුවොත් එක්ක ජේතවනාරාමෙට වැඩියා.

අනේපිඬු සිටුතුමා නම් දෙව්ලොව වැඩියා... ඒත් අපි...

ටික වෙලාවකින් අනේපිඬු සිටුතුමා මරණයට පත්වෙලා, ඒ මොහොතේම තුසිත දෙව්ලොව උපන්නා.

දැන් අපේ අය මැරුණහම කොහේද උපදින්නෙ? ජීවත් වෙලා ඉන්නකම් පණ්ඩිතකම් කතා කර කර ඉන්නවා. "ඕවා ඔහොම කරන්න බැහැ. පාරමිතා පුරාගෙන යන්න ඕන. ත්‍රිහේතුක ප්‍රතිසන්ධියක් ඕන. මෛත්‍රී බුදුන් දැක එකම ධර්ම මණ්ඩපයකදී, නිවන් අවබෝධ කරන්න ඕනෑ" කිය කියා ඉන්නවා. මැරිලා දවස් හතක් ගියාට පස්සේ ඥාතීන් ටික එකතු වෙලා පෙරේත ගොට්ටක්

තියනවා. ඊළඟට පාංශුකූලේදී එයාව හිස් භාජනයක් බවට පත්කරනවා. ඇයි පැන් වඩන්නේ එහෙමනේ. පැන් වඩද්දී අර හිස් භාජනේ තමයි මැරිච්ච එක්කෙනා. පැන් පිරිච්ච භාජනේ තමයි පින් දහම් කරන අය. අපි පැන් වඩනවා කියලා කරන්නේ, ජීවත්වෙලා ඉන්න අය පින් කරලා අර හිස් භාජනයට වතුර වත්කරලා පුරවනවා. පිරිලා ඉතිරිලා ගියාට පස්සේ, අපි ඒක නවත්වනවා. දැන් එතකොට ඒ හිස් භාජනේ පිරෙව්වේ කාගේ පින් වලින්ද? අපේ පින් වලින්. මැරිච්ච කෙනා පින්කරපු නැති කෙනෙක්.

අඳුරේ අතපතගෑවා ඇති...

ඔන්න ඊළඟට අපි මැරුණා කියලා හිතමු. ඊට පස්සේ අපි තමයි අර හිස් භාජනේ. ඒ වෙන කොට ජීවත් වෙලා ඉන්න අපේ ඥාතීන් තමයි පින්වලින් පිරිච්ච භාජනය. දැන් බලන්න කාලයක් තිස්සේ අප විසින් කරගෙන යනු ලබන දේවල් තුළ අර්ථයක් තියෙනවාද කියලා. අන්ධයෝ රැළක් කණවැළ අල්ලාගෙන යනවා වගේ ගමනක් තමයි මේ යන්නේ. මං කිව්වේ ඒකයි. ජීවිතය ගැන ගැඹුරින් හිතන්න බැරිනම්, මෝරපු චින්තනයක් නැත්නම්, එයා හරියට අඳුරේ අතපත ගාගෙන යන කෙනෙක් වගේ කියලා.

සෝතාපන්න දෙව්කෙනෙකුගේ සොඳුරු ගුණ වැණුම...

දැන් බලන්න මේ සෝතාපන්න වෙච්ච අනාථපිණ්ඩික සිටුතුමා ඉපදුණේ කොහේද? තුසිත දෙව්ලොව. තුසිත දෙව්ලොව ඉපදුණේ ආයේ එන්න බලාගෙනද? නැහැ. එදා රාත්‍රියේ මුළු මහත් ජේතවනයම බබුළුවා ගෙන

ආලෝකමත් දිව්‍ය පුත්‍රයෙක් බුදුරජාණන් වහන්සේව බැහැ දකින්න ආවා. ඇවිල්ලා, වන්දනා කරලා ලස්සන ගාථා හතරකින් වර්ණනාවක් කළා.

ඉදං හි තං ජේතවනං ඉසිසංඝනිසේවිතං
ආවුත්ථං ධම්මරාජේන පීතිසඤ්ජනනං මම

සංඝ ඍෂින් වහන්සේලා වැඩසිටින, ධර්ම රාජයාණන් වහන්සේ වැඩසිටින, මේ ජේතවනය දකිද්දී මගේ හිතට ලොකු ප්‍රීතියක් ඇතිවෙනවා.

කම්මං විජ්ජා ච ධම්මෝ ච සීලං ජීවිතමුත්තමං
ඒතේන මච්චා සුජ්ඣන්ති න ගොත්තේන
න ධනේන වා

සත්වයන් කවදාවත් උපන් ජාතිය නිසා හෝ ධනය නිසා හෝ පිරිසිදු වෙන්නේ නැහැ. සත්වයන් පිරිසිදු වෙන්නේ ක්‍රියාවෙන්, අවබෝධයෙන්, ධර්මයෙන්, සීලයෙන්.

තස්මා හි පණ්ඩිතෝ පෝසෝ සම්පස්සං
අත්ථමත්තනෝ
යෝනිසෝ විචිනේ ධම්මං තත්ථ තත්ථ විසුජ්ඣති

ඒනිසා නුවණ තියෙන කෙනා, තමන්ගේ යහපත කැමති නම් යෝනිසෝ මනසිකාරයේමයි යෙදෙන්න ඕනේ. අන්න එතකොටයි පිරිසිදු වෙන්නේ.

සාරිපුත්තෝ ච පඤ්ඤාය සීලේන උපසමේන ච
යෝ'පි පාරගතෝ භික්ඛූ ඒතාව පරමෝ සියා'ති.

"සංසාරෙන් එතෙරවෙච්ච භික්ෂූන් වහන්සේලා අතර සීලයෙන්, සංසිඳීමෙන් සාරිපුත්ත මහරහතන් වහන්සේ අග්‍රයි" මේ විදිහට ලස්සන ගාථා හතරක් ප්‍රකාශ

කරලා වන්දනා කරලා ඒ දෙවියා එතැනම අතුරුදහන් වුණා.

ආනන්ද හාමුදුරුවෝ හරියටම කිව්වා...

පහුවදා බුදුරජාණන් වහන්සේ භික්ෂූන් වහන්සේලා කැඳවලා ප්‍රකාශ කළා "පින්වත් මහණෙනි, ඊයේ රාත්‍රියේ මේ ජේතවන අසපුව බබුළුවාගෙන දෙවි කෙනෙක් ඇවිල්ලා, මෙන්න මේ විදිහේ ගාථා හතරක් කියලා මට වන්දනා කරලා නොපෙනී ගියා" කියලා.

ඒ වෙලාවේ ආනන්ද හාමුදුරුවෝ කියනවා "ස්වාමීනි භාග්‍යවතුන් වහන්ස, ඔය දෙවියා නම් එකත් එකටම අනාථපිණ්ඩික දිව්‍ය පුත්‍රයාම වෙන්න ඕන. මොකද, අනේපිඬු සිටුතුමා සාරිපුත්තයන් වහන්සේ ගැන ගොඩාක් පැහැදිලයි හිටියේ.

ඒ වෙලාවේ බුදුරජාණන් වහන්සේ වදාළා "සාධු සාධු ආනන්ද, ඔබ හරියටම කිව්වා. ඒ ආවේ අනාථපිණ්ඩික දිව්‍ය පුත්‍රයා තමයි."

ඔබත් අඳුරෙන් ආලෝකය කරා එන්න...

බලන්න බුදුරජාණන් වහන්සේගේ ධර්මය තුළින් මේ මනුස්ස ජීවිතයට කොයිතරම් වටිනාකමක් ලබාගන්න පුළුවන්ද කියලා. අපිට මේ අවස්ථාව තියෙද්දී, ආලෝකය පෙනි පෙනී අපි ඒක අතහැර, අන්ධකාරේ කරා යනවා. ඒ නිසා අපි බොළඳ චින්තනයක හිරවෙන්නේ නැතුව, බුද්ධිමත්ව කල්පනා කරලා, මේ ගෙවිලා යන ජීවිතේ අන්ධකාරේ වැටෙන්න ඉඩ නොදී ඉක්මනින් ඉක්මනින්ම ධර්මය තුළින් ආරක්ෂාවක් සලසාගන්න ඕනි.

ධර්මය කරා යන්නේ බොහෝම ටිකයි...

ඔබ අඩුමගානේ මේ ජීවිතයේදී සද්ධානුසාරීවත් වෙන්න ඕනේ. හිතන්න බැරි කෙනෙකුට සද්ධානුසාරී වෙන්න බැහැ. හිතන්න පුළුවන් කෙනා තමයි, සද්ධානුසාරී වෙන්නේ. දැන් අපට තේරිච්ච හැටියට නම්, සද්ධානුසාරී වෙච්ච පිරිස ඉන්නේ ඉතාම ටිකයි.

සිතීමේ හැකියාව නැතිවුණාම වෙන දේ...

හිතන්න බැරිකමේ ලක්ෂණයක් මම කියන්නම්. අපි මජ්ඣිම නිකායේ සූත්‍ර දේශනා පණහක් සරල සිංහලට පරිවර්තනය කරලා, ආශ්චර්යවත් ශ්‍රී සද්ධර්මය නමින් මේ පින්වතුන්ට දුන්නේ, ඒක අවබෝධ කරගන්න අදහසින් කියවයි කියලා. දැන් ඒක සමහරු පූජා භාණ්ඩයක් කරගෙන. සමහර පන්සල්වල අල්මාරිවල පිටපත් පහ හය දාලා ලොක් කරලා තියෙනවා. තමන්ට ලැබිච්ච පොත තමන් පරිහරණය කරන්නේ නැතුව, නම්බුව ගන්න පූජා කරලා, තමන් ඔහේ උඩ බලාගෙන ඉන්නවා. දැන් බලන්න සිතීමේ හැකියාව නැතිවෙච්චහම සිද්ධවෙන දේ. මම මහන්සි වෙලා ඔය පොත් ලිව්වේ ස්වාමීන් වහන්සේලාට නොවෙයි, ගිහි අයටයි. ස්වාමීන් වහන්සේලාට පන්සල්වල ඕනෑතරම් පොත්පත් තියෙනවා. ඒ අය පාළි දන්න නිසා, ඕනෑකමක් තියෙනවා නම් ඒවා කියවලා තේරුම් ගන්න පුළුවන්. දැන් බලන්න මේ ධර්මය වුණත් ආවට ගියාට අවබෝධ කරගන්න බැහැ. ධර්මය අතට දෙද්දීත් මොළේ නැති අය ඒක අතහැර ගන්නවා. මේ රටේ හැම පන්සලකම වගේ ස්වාමීන් වහන්සේලාට ත්‍රිපිටක පොත් තියෙනවා. සමහර පන්සල්වල එක පොතේ පිටපත් තුන හතර තියෙනවා. ගිහි අයටයි පොත්පත් නැත්තේ. මේ

වගේ දෙයක්වත් තේරුම්ගන්න බැරිනම්, ඊට වඩා ගැඹුරු නුවණක් කරා නම් යන්න වෙන්නේ නැහැ. දැන් අපට හොඳටම පැහැදිලිව පේනවා, අපි අවුරුදු තුන හතරක් තිස්සේ භාවනා වැඩසටහන් කෙරුවට, ත්‍රිපිටක පොත්වලට වෙච්ච දේ බලපුවහම අපට පේනවා තාමත් මේ අයට නුවණ පෑදිලා නැහැ කියලා.

ඒ නිසා ඔබ බුද්ධිමත් වෙන්න...

අපි හොඳට මතක තියාගන්න ඕනෑ, මේ ලෝකේ හැමෝම ධර්මය කරා යන්න තරම් බුද්ධිමත් නැහැයි කියලා. ධර්මය කරා එන්නේ සංසාර දුකින් නිදහස් වෙන්න ඕනේ කියන අදහස ඇතිවෙච්ච කෙනයි. ඒ කියන්නේ තමන්ට පෞද්ගලික වුවමනාවක් තියෙන්න ඕනේ, මම ධර්ම ඤාණයක් ලබාගෙන, කොහොමහරි සංසාරෙන් එතෙර වෙනවා කියලා. අන්න එයා තමයි ධර්මය කරා එන්නේ.

මම නම් දකින දකින හැම කෙනාටම ධර්ම පොත් පත් දෙන්න යන්නේ නැහැ. හොඳට ඒ කෙනා ගැන හොයලා බලලා, ධර්ම ගෞරවය තියෙන, ධර්මයට ආදරය කරන කෙනෙකුට විතරයි මම පොත්පත් දෙන්නේ. මෙච්චර මහන්සිවෙලා, අපි පොත්පත් ලියන්නේ අල්මාරිවල දාලා වහලා තියන්න නෙමෙයි. මේවා කියවලා ධර්ම ඤාණයක් ඇතිකරගෙන, මේ ධර්මය අවබෝධ කරගනියි කියලයි. ඒ නිසා ඔබත් ඒ වගේ බුද්ධිමත් වෙන්න ඕනේ.

සතර අගතියෙන් තොර වෙන්න ඕනේ...

මේ ධර්මය අවබෝධ කරන්නේ, හොඳ මෝරපු බුද්ධියක් තියෙන කෙනෙක්. ජීවිතය ගැන ගැඹුරින් හිතන්න

කල්පනා කරන්න පුළුවන් කෙනෙක්. ඡන්ද, ද්වේෂ, භය, මෝහ කියන සතර අගතියෙන් තොරව හිතන්න පුළුවන් කෙනා තමයි, මේ ධර්මය අල්ලගන්නේ.

දවසක් එක ස්වාමීන් වහන්සේ නමක්, අනාගාමී ඵලයට පත්වෙලා බණ භාවනා කරන්නේ නැතුව විවේකයෙන් හිටියා. බුදුරජාණන් වහන්සේ ඒ භික්ෂුවට අඬගැහැව්වා. "මෙහෙ එන්න පින්වත් භික්ෂුව, ඔබ මොකද, කලින් වගේ දැන් භාවනා කරන්න මහන්සි ගන්නේ නැත්තේ" කියලා ඇහුවා. "අනේ ස්වාමීනි භාග්‍යවතුන් වහන්ස, මම කල්පනා කළා බ්‍රහ්ම ලෝකේ යන්න. බ්‍රහ්ම ලෝකේ ගිහින් ඉතුරු ටික කරගන්න ඕනි." ඒ වෙලාවේ බුදුරජාණන් වහන්සේ ඇහුවා "පින්වත් භික්ෂුව, අසූචි පොඩ්ඩක් තිබුණත්, ගොඩක් තිබුණත් ගඳේ වෙනසක් තියෙනවද?" කියලා. අන්න ඒ වගේ තමයි "බුදුරජාණන් වහන්සේලා ඇසිපිය හෙළන මොහොතක්වත් යළි ඉපදීමක් නම් වර්ණනා කරන්නේ නෑ" කියලා වදාළා.

සියලු ධර්මය අප්‍රමාදය තුළ...

මේ වගේ ධර්මයක් බුදුරජාණන් වහන්සේ දේශනා කරලා තියෙද්දීත්, අපිට අහන්න ලැබුණේ බුදුරජාණන් වහන්සේගේ පණිවිඩය නෙමෙයි. "පාරමී පුරාගෙන යමල්ලා අපට පින් මදි. ඕවා කරන්න පුළුවන්ද ත්‍රිහේතුක ප්‍රතිසන්ධි නැතුව?" මේ වගේ බුදුරජාණන් වහන්සේ නොවදාළ කරුණු තමයි වැඩි දෙනෙක් ධර්මයේ නාමයෙන් කියාගෙන යන්නේ.

ඊළඟට බුදුරජාණන් වහන්සේගේ ධර්මයේ තියෙනවා, මහ පොළොව මත ඇවිදගෙන යන සියලු සතුන්ගේ පා සළකුණු අතර විශාලතම පා සළකුණ

වෙන්නේ, ඇතාගේ පා සළකුණයි. ඇත් අඩිය තුළට සියලුම සතුන්ගේ පා සටහන් ඇතුල් කරන්න පුළුවන්. බුදුරජාණන් වහන්සේ වදාළා "අන්න ඒ වගේ තමයි, බුදු මුවින් වදාළ ධර්මය ඔක්කෝම කැටිකරලා එකම වචනයක් ඇතුළට දාන්න පුළුවන්. ඒ තමයි "අප්‍රමාදය" කියලා.

මෙතේ බුදුන් තෙක් දුකම පතමුද?...

එතකොට යම්කෙනෙක් කිව්වොත් "මෛත්‍රී බුද්ධ ශාසනය පතාගෙන යමල්ලා" කියලා, එතැන තියෙන්නේ අප්‍රමාදය නෙමෙයි. තනිකරම ප්‍රමාදයයි. කවුරුහරි කල්පනා කළොත් "මම බුදු වෙනවා, එදාට මගෙන් ධර්මය අහලා නිවන් අවබෝධ කරන්න මගේ පස්සෙන් වරෙල්ලා" කියලා, එතැන තියෙන්නේත් තනිකරම ප්‍රමාදයයි. කිසිම බුද්ධ දේශනාවක සංසාරේ යන්න අනුබල දීලා නැහැ.

ඒ නිසා අපි පැහැදිලිව ධර්මය අධර්මය හඳුනා ගන්න ඕනි. අන්න එතකොට අපටත් පුළුවනි, අධර්මය බැහැර කරලා මේ ගෞතම බුද්ධ ශාසනය තුළම වහ වහා චතුරාර්ය සත්‍ය ධර්මය අවබෝධ කරගන්නට. ඒ සඳහා අප සියලු දෙනාටම වාසනාව උදාවේවා!

සාදු! සාදු!! සාදු!!!

නමෝ තස්ස භගවතෝ අරහතෝ සම්මාසම්බුද්ධස්ස
ඒ භාග්‍යවත් අරහත් සම්මා සම්බුදුරජාණන් වහන්සේට නමස්කාර වේවා!

02.
සත්තට්ඨාන සූත්‍රය

(සංයුත්ත නිකාය 3 - උපය වර්ගය)

ශ්‍රද්ධාවන්ත පින්වතුනි,

දැන් ඔබ හොඳටම දන්නවා, බුදුරජාණන් වහන්සේගේ ධර්මය තුළ තිබෙන්නේ කුමක්ද කියලා. බුදුරජාණන් වහන්සේගේ ධර්මය තුළ තිබෙන්නේ, චතුරාර්ය සත්‍යයයි. ඒ වගේම ඔබ හොඳටම දන්නවා ඒ ධර්මය ශ්‍රවණය කළොත් අවබෝධ විය යුත්තේ කුමක්ද කියලා. අවබෝධ විය යුත්තේ චතුරාර්ය සත්‍ය ධර්මයමයි. අඩුම ගානේ ඒ කෙනාට ධර්ම ශ්‍රවණයට පස්සේ හිතක් පහළ වෙන්න ඕනේ, "අනේ මටත් චතුරාර්ය සත්‍ය ධර්මය අවබෝධ කරගන්න ඇත්නම් කොයිතරම් දෙයක්ද, සතර අපා දුකින් නිදහස් වෙන්න ඇත්නම්, මටත් මාර්ඵල ලබන්න ඇත්නම් කොයිතරම් දෙයක්ද" කියලා. අන්න එතැන බුදුරජාණන් වහන්සේගේ ධර්මය තියෙනවා. ඔබ ධර්මයේ නාමයෙන් යමක් අහද්දී, ඒ අදහස ඇතිවෙන්නේ නැත්නම් හඳුනා ගන්න, එතැන බුදුරජාණන් වහන්සේගේ ධර්මය නැහැ.

බුදුරජාණන් වහන්සේව දකින්න තියෙන්නේ ධර්මය තුළින් පමණයි...

පින්වතුනි, චතුරාර්ය සත්‍ය ධර්මය කියන්නේ, ආර්ය සත්‍ය හතරක්. පළවෙනි ආර්ය සත්‍යය තමයි දුක. දෙවෙනි ආර්ය සත්‍යය තමයි, දුකේ හටගැනීම. තුන් වෙනි ආර්ය සත්‍යය තමයි, දුක නැතිවීම. සතර වන ආර්ය සත්‍යය තමයි, දුක නැතිවන්නා වූ ප්‍රතිපදාව.

යම් තැනක මෙන්න මේ චතුරාර්ය සත්‍ය ධර්මය කතාබස් කරනවා නම්, අන්න එතැන බුදුරජාණන් වහන්සේගේ ධර්මය දකින්න පුළුවන්. ඒ ධර්මය තුළින් ඔබට බුදුරජාණන් වහන්සේව දකින්න පුළුවන්. වෙන කිසිම ක්‍රමයකින් අපට බුදුරජාණන් වහන්සේව දැකගන්න බෑ. උන්වහන්සේව දැකගන්න තියෙන්නේ, ධර්මය තුළින්මයි. මේ චතුරාර්ය සත්‍ය ධර්මය අවබෝධ කිරීමේදී, අපේ හිතේ බලවත් ප්‍රසාදයක් තියෙන්න ඕනෑ, දුක ගැන බුදුරජාණන් වහන්සේ වදාළ දේ හරියි කියලා. ඒ වගේම දුකේ හටගැනීම ගැන බුදුරජාණන් වහන්සේ වදාළ දේ සම්පූර්ණයෙන්ම හරියි කියලත්, අපේ හිතේ බලවත් පැහැදීමක් තියෙන්න ඕනෑ. ඊළඟට දුක නැතිවීම ගැන බුදුරජාණන් වහන්සේ වදාළ දෙය හරි, මේක මේ විදිහටමයි සිද්ධ වෙන්නේ කියලත් අපි පහදින්න ඕනෑ. ඒ වගේම අපේ හිතේ බලවත් ප්‍රසාදයක් ඇතිවෙන්න ඕනෑ දුකෙන් නිදහස්වීම පිණිස අනුගමනය කළයුතු මාර්ගයක් හැටියට බුදුරජාණන් වහන්සේ වදාළ ආර්ය අෂ්ටාංගික මාර්ගය ඇත්තක්මයි කියලා.

ශ්‍රද්ධාවන්තයා හඳුනගන්න පුළුවන්...

කෙනෙක් තුළ අන්න ඒ විදිහේ ශ්‍රද්ධාවක් තියෙනවා

නම් එයාව හඳුනාගන්න හරි ලේසියි. මේ ධර්මය කියද්දී එයාගේ හිතේ තියෙන සතුට වචනවලින් එළියට එනවා. ශ්‍රද්ධාව නැත්නම් එළියට එන්නේ ධර්මයට විරුද්ධ අදහස්මයි. "ඔහොම කරලා හරියන්නේ නැහැ. ඕක ඔහොම නෙමෙයි මෙහෙමයි" කියලා එයාගේ දෙයක් කියනවා. එතකොට අපට තේරෙනවා, මේ කෙනා නම් ශ්‍රද්ධාවකටවත් පැමිණිච්ච නැති කෙනෙක් කියලා.

ඒ කියන්නේ එයා දුකින් නිදහස්වීම පිණිස අනුගමනය කළ යුතු ආර්ය අෂ්ටාංගික මාර්ගය දන්නේ නැත්නම්, චතුරාර්ය සත්‍ය ධර්මය ගැන දන්නේ නැත්නම්, එයාට ධර්මය කෙරෙහි පැහැදීමක් ඇතිවෙන්නේ කොහොමද? එයා ධර්මය සරණ යන්නේ කොහොමද? ශ්‍රද්ධාවක් නැති සමහර උදවිය කියනවා "පොත් බලන්න ඕනේ නැහැ. හිත දිහා බලාගෙන හිටපුවහම ඇති. එතකොට ධර්මය අවබෝධ වෙනවා" කියලා. එතකොට අපට තේරෙනවා ඒ අය කවදාවත් ආර්ය සත්‍යය අවබෝධයක් කරා නම් යන්නේ නැහැ කියලා. ඇයි එයා ශ්‍රද්ධාවට ඇවිල්ලා නැහැ. ඒකයි ධර්මය හැටියට තමන්ගේ පෞද්ගලික මත ඉදිරිපත් කරන්නේ.

ශ්‍රද්ධාව හඳුනාගැනීමේ මිම්ම...

අපි බුදුරජාණන් වහන්සේව සරණ යනවා. ශ්‍රී සද්ධර්මයත් සරණ යනවා. ඒ ධර්මය අනුගමනය කරලා ප්‍රතිඵල ලැබූ ශ්‍රාවකයන් වහන්සේලාත් සරණ යනවා. එහෙම නම්, අපට පැහැදිලි අවබෝධයක් අවශ්‍යයයි, අපි සරණ ගියපු ධර්මයේ ඇතුළත් වෙලා තියෙන්නේ මොනවාද කියලා. ඒ අවබෝධය නැත්නම්, අපි ධර්මය හැටියට එක එක දේවල් කියන්න ගනියි. අවබෝධය

තියෙනවා නම් එහෙම වෙන්නේ නැහැ. ශ්‍රාවකයන් සීයක් ගත්තොත් ඒ සියදෙනාම කතා කරන දේ තුළ තියෙන්නේ එකම අර්ථයක් විය යුතුයි. අන්න එතැන හරි දෙයක් තියෙනවා.

දැන් බුදුරජාණන් වහන්සේගේ ධර්මය කතාකරන්න ගිහින් එතැන වාදයක් හටගත්තොත් "ඕක ඔහොම නෙමෙයි. ඕක මෙහෙමයි" කියලා, එතැන ශ්‍රද්ධාවකට පැමිණිච්ච පිරිසක් දකින්න නැහැ. ශ්‍රද්ධාවකට පැමිණිච්ච පිරිසක් තුළ ධර්මය ඉස්සරහා හිස නමන ගතියක් තියෙනවා. බුදුරජාණන් වහන්සේගේ බුද්ධ දේශනාවට එයා ගරුකරනවා, හිස නමනවා. එහෙම නැතුව "ඕක මෙහෙමයි" කියලා විකෘති අර්ථ කියන්න යන්නේ නැහැ. අලුත් අර්ථ දෙන්න යන්නේ නැහැ. අන්න ශ්‍රද්ධාවන්ත ශ්‍රාවකයා හොයාගන්න තියෙන මිම්ම.

සැකය ඇති තැන ශ්‍රද්ධාව නැත...

බුදුරජාණන් වහන්සේගේ ධර්මය කෙනෙකුට පැහැදිලිව අහන්න ලැබිලා නැත්නම්, නුවණින් සිහි කරන්න ලැබිලා නැත්නම්, පැහැදිලිව තේරුම් අරගෙන නැත්නම්, එයා පියවරක් පියවරක් පාසා සැක කරනවා. හරියට අන්ධ ඇතෙක් කැලේක යනවා වගේ. ඕනෑම කෙනෙකුට ඒ කෙනාව රවට්ටන්න පුළුවන්. නමුත් අවබෝධයෙන්ම ධර්මයේ හැසිරෙන කෙනෙක්ව මේ ලෝකේ කාටවත් රවට්ටන්න බැහැ. එයා බුද්ධ දේශනාව තුළම ශ්‍රද්ධාව පිහිටුවාගෙන ඉන්නවා.

හත් පොලේ අවබෝධය...

අදත් අපි ඉගෙනගන්නේ චතුරාර්ය සත්‍යය අවබෝධයට මහෝපකාරී වන දේශනාවක්. මේ

දේශනාවේ නම **සත්තට්ඨාන සූත්‍රය.** සම්බුදු හදමඬලේ උපන් මේ දෙසුම, සිරි සම්බුදු මුවින් වදාළේ, සැවැත් නුවර ජේතවනාරාමයේදියි. සංයුත්ත නිකායේ තුන් වන කොටසටයි මේ දේශනාව ඇතුළත් වෙලා තියෙන්නේ. මේ දේශනාවේ සිංහල අර්ථය තමයි, සත්පොළේ අවබෝධය ගැන වදාළ දෙසුම.

ඔබ දන්නවා බුදුරජාණන් වහන්සේ දුක්ඛ ආර්ය සත්‍යය විස්තර කළා. "ඉපදීම දුකයි, ජරාවට පත්වීම දුකයි, රෝග පීඩා වැළඳීම දුකයි, මරණය දුකයි, අප්‍රිය පුද්ගලයන් හා එකතුවීම දුකයි, ප්‍රියයන්ගෙන් වෙන්වීම දුකයි, කැමති දෑ නොලැබීම දුකයි, කෙටියෙන් කීවොත් පංච උපාදනස්කන්ධයම දුකයි" කියලා.

පංච උපාදානස්කන්ධය හත් ආකාරයකට...

යම්කිසි කෙනෙක් පංච උපාදනස්කන්ධය අවබෝධ කරනවා නම්, එයා සමස්ත දුකම අවබෝධ කරනවා. අන්න ඒ පංච උපාදනස්කන්ධය, හත් පොළක අවබෝධයෙන් දකින ආකාරයයි බුදුරජාණන් වහන්සේ වදාළ මේ සත්තට්ඨාන සූත්‍රයේ විස්තර වෙන්නේ.

මොනවද මේ පංච උපාදනස්කන්ධය කියන්නේ?

- රූප උපාදානස්කන්ධය
- වේදනා උපාදානස්කන්ධය
- සංඥා උපාදානස්කන්ධය
- සංඛාර උපාදානස්කන්ධය
- විඤ්ඤාණ උපාදානස්කන්ධය

මේ එකක් එකක් ගානේ සත් ආකාරයකින් අවබෝධයෙන්ම දකින්න කියලා බුදුරජාණන් වහන්සේ වදාළා.

රූපයේ නොදකින ඇත්ත...

අපි එකක් එකක් ගානේ සත් ආකාරයකින් අවබෝධ කරගන්න හැටි මේ විදිහට තේරුම් ගනිමු.

1. රූපය අවබෝධ කරනවා.
2. රූපයේ හටගැනීම අවබෝධ කරනවා.
3. රූපයේ නිරුද්ධවීම අවබෝධ කරනවා.
4. රූපය නිරුද්ධ වන්නාවූ ප්‍රතිපදාව අවබෝධ කරනවා.
5. රූපයේ ආශ්වාදය අවබෝධ කරනවා.
6. රූපයේ ආදීනවය අවබෝධ කරනවා.
7. රූපයේ නිස්සරණය අවබෝධ කරනවා.

හත් පොළේ වේදනාවත් අවබෝධයෙන් දකින්න...

1. වේදනාව අවබෝධ කරනවා.
2. වේදනාවේ හටගැනීම අවබෝධ කරනවා.
3. වේදනාවේ නිරුද්ධවීම අවබෝධ කරනවා.
4. වේදනාව නිරුද්ධ වන්නාවූ ප්‍රතිපදාව අවබෝධ කරනවා.
5. වේදනාවේ ආශ්වාදය අවබෝධ කරනවා.
6. වේදනාවේ ආදීනවය අවබෝධ කරනවා.
7. වේදනාවේ නිස්සරණය අවබෝධ කරනවා.

හත් පොළේ සඤ්ඤාවත් අවබෝධයෙන් දකින්න....

1. සඤ්ඤාව අවබෝධ කරනවා.
2. සඤ්ඤාවේ හටගැනීම අවබෝධ කරනවා.
3. සඤ්ඤාවේ නිරුද්ධවීම අවබෝධ කරනවා.

4. සඤ්ඤාව නිරුද්ධ වන්නාවූ ප්‍රතිපදාව අවබෝධ කරනවා.
5. සඤ්ඤාවේ ආශ්වාදය අවබෝධ කරනවා.
6. සඤ්ඤාවේ ආදීනවය අවබෝධ කරනවා.
7. සඤ්ඤාවේ නිස්සරණය අවබෝධ කරනවා.

හත් පොළේ සංස්කාර අවබෝධයෙන් දකින්න...

1. සංස්කාර අවබෝධ කරනවා.
2. සංස්කාරවල හටගැනීම අවබෝධ කරනවා.
3. සංස්කාරවල නිරුද්ධවීම අවබෝධ කරනවා.
4. සංස්කාර නිරුද්ධ වන්නාවූ ප්‍රතිපදාව අවබෝධ කරනවා.
5. සංස්කාරවල ආශ්වාදය අවබෝධ කරනවා.
6. සංස්කාරවල ආදීනවය අවබෝධ කරනවා.
7. සංස්කාරවල නිස්සරණය අවබෝධ කරනවා.

හත් පොළේ විඤ්ඤාණයත් අවබෝධයෙන් දකින්න...

1. විඤ්ඤාණය අවබෝධ කරනවා.
2. විඤ්ඤාණයේ හටගැනීම අවබෝධ කරනවා.
3. විඤ්ඤාණයේ නිරුද්ධවීම අවබෝධ කරනවා.
4. විඤ්ඤාණය නිරුද්ධ වන්නාවූ ප්‍රතිපදාව අවබෝධ කරනවා.
5. විඤ්ඤාණයේ ආශ්වාදය අවබෝධ කරනවා.
6. විඤ්ඤාණයේ ආදීනවය අවබෝධ කරනවා.
7. විඤ්ඤාණයේ නිස්සරණය අවබෝධ කරනවා.

පින්වතුනි, මේ දේශනාවල් කියවද්දී තේරෙනවා මේවා නම් සාමාන්‍ය කෙනෙකුට කියනවා තියා හිතන්නවත් බැරි බව. එහෙම නම්, ඉතින් මේ වර්තමානයේ ඉන්න අයටත් මේ සිතුවිලි පහළවෙන්න ඕනි. මේ හැම දේශනාවකින්ම ඔප්පු වෙන්නේ බුදුරජාණන් වහන්සේගේ අනන්ත ඤාණ සම්භාරයයි.

පෙණ ගුලියකි මේ රූපය...

බුදුරජාණන් වහන්සේ වදාළා "මහණෙනි, මොකක්ද මේ රූපය කියන්නේ?" සතර මහා ධාතුත්, සතර මහා ධාතුන්ගෙන් හටගත්තු දේවලුත් තමයි රූප කියන්නේ. ඒ කියන්නේ පඨවි ධාතු, ආපෝ ධාතු, තේජෝ ධාතු, වායෝ ධාතු කියන සතර මහා ධාතුන් ගෙන් හටගත්තු නිසා තමයි, මේ ශරීරයට රූපය කියන්නේ.

බුදුරජාණන් වහන්සේ වදාළේ, මේ රූපය හරියට පෙණ ගුලියක් වගේ කියලා. පෙණ ගුලියක ස්වභාවය තමයි, උඩින් ඔපේ යටින්...? ඉතුරු ටික ඔබ දන්නවා. අන්න ඒ වගේ තමයි, මේ පඨවි ධාතුව, ආපෝ ධාතුව, තේජෝ ධාතුව, වායෝ ධාතුව සම්පූර්ණයෙන්ම පෙණ ගුලියක්.

සතර මහාධාතු මිස... 'මම' නැත...

පෙණ ගුලියට අයිති පඨවි ධාතුව තමයි මේ ශරීරයේ තියෙන කෙස්, ලොම්, නිය, දත්, සම, මස්, නහර වැල්, ඇට, ඇටමිදුළු, වකුගඩු, හදවත, අක්මාව, දළබුව, බඩදිව, පෙනහළු, කුඩා බඩවැල්, මහා බඩවැල්, ආමාශය, අසූචි, හිස්මොළය ආදී පොළොවට පස් වෙලා යන ස්වභාවයට අයිති දේවල්.

මේ ශරීරයේ තියෙන ආපෝ ධාතු නම් පිත, සෙම, සැරව, ලේ, දහඩිය, තෙල්මන්ද, කඳුළු, වුරුණු තෙල්, කෙළ, සොටු, සඳමිඳුළු, මූත්‍ර ආදී ජලයේ දිය වෙලා යන ස්වභාවයට අයිති දේවල්.

මේ ශරීරයේ තියෙන උණුසුම් ස්වභාවයට අයිති තේජෝ ධාතුව තමයි, ශරීරය දවන උණුසුම, ශරීරය විශේෂයෙන් දවන උණුසුම, අප ගන්නා ආහාර පාන දිරවන උණුසුම, ශරීරය දිරවන උණුසුම ආදී උණුසුම් ස්වභාවයන්.

මේ ශරීරයේ තියෙන වායෝ ධාතු තමයි, උගුරට එන වාතය, පසුපසින් පිටවයන වාතය, කුස තුළ තියෙන වාතය, ශරීරය පුරාම ගමන් කරන වාතය, අවයව සොළවන වාතය, ආශ්වාස ප්‍රශ්වාස වාතය ආදී හමාගෙන යන ස්වභාවයට අයිති දේවල්.

සමස්තයක් හැටියට ගත්තොත් සතර මහා ධාතූන් ගෙන් හටගත්තු මේ ශරීරය පෙණ ගුලියක් හැටියටම දකින්න කියලා බුදුරජාණන් වහන්සේ වදාළා.

ආහාරය මෙතරම් බියකරුද...?

ඊළඟට එයා රූපයේ හටගැනීමත් අවබෝධ කරනවා. බුදුරජාණන් වහන්සේ වදාළා, "රූපය හටගන්නේ, ආහාර හටගැනීමෙන්" කියලා. **"ආහාර සමුදයා රූප සමුදයෝ"** මේ රූපය පවත්වන්න ආහාර වර්ග හතරම දෙන්න ඕනි. ඒ තමයි ගොරෝසු හෝ සියුම් හෝ කබලිංකාර ආහාර, ස්පර්ශ ආහාර, මනෝ සංචේතනා ආහාර, විඤ්ඤාණ ආහාර. මේ ආහාර හතරෙන්ම තමයි රූපය පෝෂණය වෙන්නේ.

ශරීරය පවතින්නේ ආහාරය මත...

දැන් ඔන්න අපි උදේම නැගිටලා භාවනා කරන්න කියලා මෙහෙට ආවා. කල්පනා කරලා බලන්න, උදේ නැගිට්ට ගමන් කොහොමද කියලා. කොණ්ඩේ ඔක්කොම අවුල්වෙලා, ඇස්වල කබ පිරිලා, කන්වල කළාදුරු, නාහේ හොටු ගුලි, කටේ කුණු කෙළ. නැගිට්ට ගමන් ඉක්මනට ගිහිල්ලා දත් ටික මදිනවා. දිව මදිනවා. නාහේ හොටු ගුලි සුද්ධ කරනවා. කන සුද්ධ කරනවා. ඇස්වල කබ කඩනවා. ඔන්න මුහුණ කට හෝදලා, වැසිකිළි කැසිකිළි ගිහින් එකතුවෙලා තියෙන ජරාව ටික අයින් කරලා හොඳ ඇඳුමක් අන්දනවා. ඊට පස්සේ, තේ එකක් හදලා පොවන්න ඕනෑ. ඒත් හරි යන්නේ නැහැ. මොනව හරි ගුලි කරලා කටට දාන්න ඕනෑ. ආහාර නැත්නම් මේ ශරීරය ගෙනියන්න බැහැ. ඔන්න ඔහොම ලක ලෑස්ති වෙලා උදෙන්ම මෙහෙට ආවා.

ඒත් හරියන්නේ නැහැ. නවය නවය හමාර වෙන කොට උගුර කට වේලෙනවා. මොනවහරි රත් කරලා දාන්න ඕනෑ. ඊට පස්සේ දොළහ වෙනකොට ආයේ ගුලිකරලා ගිල්ලවන්න ඕන. දැන් හොඳට බලන්න කොච්චර විටමින් ගත්තත්, කොච්චර වටිනා පිටි වර්ග බිව්වත් වේල් දෙක තුනක් ගුලිකරලා ගිල්ලවන්න බැරි වුණොත්, හුළං බැස්සා වගේ බහිනවා. ඉතින් ඒ නිසා මේ ශරීරය පවතින්නේ ආහාර නිසයි කියලා නුවණින් සළකලා අවබෝධ කරන්න ඕනෑ.

සසර පෝෂණය කරන සතර ආහාර...

ඊළඟට එයා මේ රූපයේ නිරුද්ධවීමත් අවබෝධ කරන්න ඕනෑ. ආහාර නිරුද්ධවීමෙන් මේ රූපය නිරුද්ධ

වෙලා යනවා. ආහාර නිරුද්ධවෙන්නේ නැත්නම් කවදාවත්ම මේ රූපය නිරුද්ධවෙන්නේ නැහැ. ආහාර කිව්වේ අපි කන බොන කබලිංකාර ආහාරය විතරක්ම නෙමෙයි. මේ සංසාරය පෝෂණය කරන්නා වූ සතර ආහාරයන්ම නිරුද්ධ වෙන්න ඕනෑ. ආහාර නිරුද්ධ වන්නා වූ මාර්ගය ආර්ය අෂ්ටාංගික මාර්ගයමයි.

පින්වතුනි, මේක අපට බුදු කෙනෙකුගෙන් මිසක් මේ ලෝකේ වෙන කිසිම කෙනෙකුගෙන් අහන්න ලැබෙන්නේ නැහැ.

ඊළඟට බුදුරජාණන් වහන්සේ වදාළා, එයා රූපයේ ආශ්වාදය අවබෝධ කරන්න ඕන. රූපය නිසා යම්කිසි සැපයක් සොම්නසක් හටගනියිද, එය රූපයේ ආශ්වාදයයි කියලා අපි තේරුම්ගන්න ඕනෑ.

ඊළඟට එයා රූපයේ ආදීනවයත් අවබෝධ කරනවා. යම් රූපයක් අනිත්‍යයිද, දුකයිද, වෙනස් වන ස්වභාවයට අයිතිද එය රූපයේ ආදීනවයයි. දැන් බලන්න එකම රූපය තුළ ආශ්වාදයකුත් තියෙනවා. ආදීනවයකුත් තියෙනවා.

රූපයේ ආදීනවය...

ඔන්න අපි හිතමු ලස්සන බබෙක් ඉන්නවා. මෙයාගේ අතපය හරිම සිනිඳුයි. මල්පෙති වගේ. මූණ කට රෝස මලක් වගේ. දැන් මෙයා දිහා බලනකොට ඇතිවන්නේ සතුටක් සොම්නසක්. ඒක තමයි රූපයේ ආශ්වාදය. දැන් ඔන්න ළමයා ටිකෙන් ටික වැඩෙනවා. තරුණ වෙන්න වෙන්න තවත් ලස්සනයි. දැන් බලන බලන හැමෝටම පේන්නේ රූපයේ ආදීනවය නොවෙයි, ආශ්වාදය විතරයි.

ඔන්න දැන් එයා රූප රාජිණී තරගෙට යනවා. දැන් රූප රැජිණී දිහා බලන හැමෝම දකින්නේ, ඒ රූපයේ ආශ්වාදය විතරයි. දැන් ඔන්න රූප රැජිණී ටිකෙන් ටික වයසට යනවා. දැන් රූප රැජිණීට වයස අවුරුදු අනූවයි. දැන් අර අක්බඹරුවන් අභිනීල කේෂ කලාපය වෙනුවට පොල් කොස්සක් වගේ ඉදිච්ච සුදු පාට කොණ්ඩේ ටිකක් තියෙනවා. ලස්සනට තිබ්බ නිල්වන් ඇස් දැන් ආදීනවයට පත්වෙලා, ඇස් දෙකම පේන්නේ නැහැ. කන් ඇහෙන ගතිය අඩුවෙලා ගිහිල්ලා. කනට කරලා කිව්වොත් විතරයි ඇහෙන්නේ. දිවට ලුණු ඇඹුල් දැනෙන්නේ නැහැ. මුතුඇට වගේ තිබ්බ ඒ ලස්සන දත් එකක්වත් දැන් නැහැ. ඒ රූපය එන්න එන්නම ආදීනවයට පත්වෙලා. එදා රූප රැජිණීට තිබ්බ, ඔප දැමූ ආකාරයේ සිනිඳු හම දැන් රැලිගැහිලා කබරයෙකුගේ හමක් වගේ වෙලා. දැන් එයාට ඇවිද ගන්න බැහැ, හැරමිටියකින් යන්නේ. අඩි දෙක තුනක් ගිහින් වාඩිවෙනවා. ඔන්න රූපයේ ආදීනවය. ගොරෝසු දෙයක් කෑවොත් දිරවන්නේ නැහැ. දියකරලා ටිකෙන් ටික පොවන්න ඕනි. ඊළඟට ඔන්න එන්න එන්නම ආදීනවයට පත්වෙවී ගිහින් ඔත්පල වෙලා ඇඳේ වැටෙනවා. ඇඳේම මළ මූත්‍ර පහවෙනවා. ඒවා ඇඟ පුරාම ගාගෙන ඉන්නවා. කටට එන කෙළ ටික පවා ගිලගන්න බැරිව යනවා. මේක තමයි රූපයේ ආදීනවය.

ආශ්වාදයේ හිරවෙලා, ආදීනවය අමතක වෙලා...

ආශ්වාදයත් ආදීනවයත් අතර මැදිවෙච්ච රූපය තුළ සාමාන්‍ය කෙනා දකින්නේ ආශ්වාදය විතරමයි. කොයිතරම් ආදීනව සිදුවුණත් ඒක තේරෙන්නේ නැහැ. බුදුරජාණන් වහන්සේ සරණ ගිය ශ්‍රාවකයන් තමයි

රූපයේ ආශ්වාදය ආශ්වාදය හැටියටත්, රූපයේ ආදීනවය ආදීනවය හැටියටත් අවබෝධ කරන්නේ.

ඊළඟට එයා රූපයේ නිස්සරණය අවබෝධ කරනවා. රූපය කෙරෙහි යම් ඡන්දරාගයක් ඇද්ද, ඒ ඡන්දරාගය දුරුකර ගැනීම, රූපයේ නිස්සරණයයි. මේ ගැන අවබෝධයක් නැතිකෙනා ආයේ ආයෙමත් රූපයම පතනවා. තමන්ගේ නැතිවෙලා ගිය කොණ්ඩේ ගැන හිත හිතා හූල්ල හූල්ලා ඉන්නවා. තමන්ගේ තිබ්බ්ච හැඩරුව ගැන හිත හිතා හූල්ල හූල්ලා ඉන්නවා. කොයිතරම් ආදීනව සිදුවුණත්, එයා ආශ්වාදය තුළම අතරමං වෙලා ඉන්න නිසා ආයෙමත් අනාගතයේ රූපයක්ම පතනවා. එයා තමයි සතර අපයේ වැටි වැටී යන දීර්ඝ සංසාර ගමනේ ගමන් කරන්නේ.

කැලෑ සතෙක් වගේ මරණයක් නම් එපා!...

අවබෝධය කරා යන කෙනා, රූපය හත් පොළක අවබෝධ කරනවා. ඒ තමයි, රූපය අවබෝධ කරනවා. රූපයේ හටගැනීම අවබෝධ කරනවා. රූපයේ නිරුද්ධවීම අවබෝධ කරනවා. රූපය නිරුද්ධ වන්නාවූ මාර්ගය අවබෝධ කරනවා. රූපයේ ආශ්වාදය අවබෝධ කරනවා. රූපයේ ආදීනවය අවබෝධ කරනවා. රූපයේ නිස්සරණය අවබෝධ කරනවා. අපිට මේ ජීවිතේදී මේක අවබෝධ කරගෙනවත් මැරෙන්න අවස්ථාවක් ලැබුනේ නැත්නම්, අපි හරියට කැළෑ සත්තු වගේ කකා බිබී ඉඳලා, අනුන්ට ඊර්ෂ්‍යාකම් ක්‍රෝධකම් කර කර ඉඳලා, ඔහේ මැරිලා යනවා.

මේ විදිහට රූපය කෙරෙහි හත් පොළේ අවබෝධය ඇතිකර ගන්නා කෙනා, රූපය කෙරෙහි අවබෝධයෙන්ම

කළකිරෙනවා. රූපය කෙරෙහි ඇල්ම දුරුවීම පිණිස, ඇල්ම නිරුද්ධවීම පිණිස ප්‍රතිපදාවේ යෙදෙනවා. ඒ ප්‍රතිපදාව තමයි ආර්ය අෂ්ටාංගික මාර්ගය. අන්න එයාට කියනවා "**සුපටිපන්න**" කියලා. අන්න ඒ කෙනා තමයි මේ බුද්ධ ශාසනයේ ඇතුළටම පිවිසෙන්නේ. එතකොට සුපටිපන්න කියන්නේ ආර්ය අෂ්ටාංගික මාර්ගය වඩන කෙනාටයි.

ඊළඟට යම්කිසි කෙනෙක් රූපය කෙරෙහි හත් පොළේ අවබෝධය ඇතිවෙලා, රූපය කෙරෙහි කළකිරිලා, ඇල්ම දුරුකරලා ඇල්ම නිරුද්ධ කරලා, රූපයට නොබැඳී රූපය අත්හැරලා නිදහස් වුණොත් අන්න එයාට කියනවා "**සුවිමුත්ත**" කියලා. සුවිමුත්ත කියන්නේ රහතන් වහන්සේටයි.

හත්පොළක අවබෝධ කළ යුතු විඳීම...

ඊළඟට බුදුරජාණන් වහන්සේ වදාළා, "එයා වේදනාව ගැනත් හත් පොළක අවබෝධය ඇතිකර ගන්නවා" කියලා. විඳීම අවබෝධ කරනවා. විඳීමේ හට ගැනීම අවබෝධ කරනවා. විඳීම නිරුද්ධවීම අවබෝධ කරනවා. විඳීම නිරුද්ධ වන්නාවූ මාර්ගය අවබෝධ කරනවා. විඳීමේ ආශ්වාදය අවබෝධ කරනවා. විඳීමේ ආදීනවය අවබෝධ කරනවා. විඳීමේ නිස්සරණය අවබෝධ කරනවා.

දැන් අපි විඳීම ගැන දන්නවා. අපි සැපත් විඳිනවා. දුකත් විඳිනවා. දුක් සැප රහිත බවත් විඳිනවා. මේ විඳීම හය ආකාරයකින් ඇතිවෙනවා. ඇසේ ස්පර්ශයෙන් විඳීම ඇතිවෙනවා. කනේ ස්පර්ශයෙන් විඳීම ඇතිවෙනවා. නාසයේ ස්පර්ශයෙන් විඳීම ඇතිවෙනවා. දිවේ

ස්පර්ශයෙන් විඳීම ඇතිවෙනවා. කයේ ස්පර්ශයෙන් විඳීම ඇතිවෙනවා. මනසේ ස්පර්ශයෙනුත් විඳීම ඇතිවෙනවා.

දිය බුබුලකි වේදනාව...

බුදුරජාණන් වහන්සේ වදාළා, "මේ විඳීම දිය බුබුලක් වගේ" කියලා. වහින වෙලාවකට වතුර වලකට වැහි බිංදු වැටෙද්දී, දිය බුබුළු හටගෙන ඒ සැණින්ම නැතිවෙලා යනවා. ඒක තමයි දිය බුබුලේ ස්වභාවය. බුදුරජාණන් වහන්සේ වදාළා, "විඳීමත් අන්න ඒ වගේ" කියලා. වෙලාවකට සැප විඳීම් ඇතිවෙනවා. වෙලාවකට දුක් විඳීම් ඇතිවෙනවා. වෙලාවකට දුක් සැප රහිත විඳීම් ඇතිවෙනවා. ඒ විඳීම් වෙනස් වෙවී වෙනස් වෙවී යද්දී, සිහිය පිහිටුවා ගෙනමයි මේක අල්ලන්න තියෙන්නේ.

බුදුරජාණන් වහන්සේ මේ විඳීමට තව උපමාවක් වදාළා. ඒ තමයි, "අහසේ හමාගෙන යන සුළං වගේ" කියලා. උතුරේ ඉඳලා දකුණට හුළං හමනවා. ඊළඟට දකුණේ ඉඳලා නැගෙනහිරට හුළං හමනවා. තව ටිකකින් නැගෙනහිර ඉඳලා බටහිර දිහාවට හුළං හමනවා. ස්පර්ශය නිසා හටගන්න විඳීමත් මේ වගේ කියලයි උන්වහන්සේ වදාළේ. එක එක වෙලාවට සැප විඳීම, දුක් විඳීම, දුක් සැප රහිත විඳීම වශයෙන් වෙනස්වෙවී වෙනස්වෙවී පවතිනවා. බුදුරජාණන් වහන්සේ වදාළා, "මේ ස්පර්ශය නිසා වෙනස්වන විඳීමේ යථා ස්වභාවය අවබෝධ කරන්න ඕනි" කියලා.

විඳීම ගැඹුරින් දකිමු...

ඊළඟට එයා විඳීමේ හටගැනීමත් අවබෝධ කරනවා. විඳීම හටගන්නේ ස්පර්ශයෙන්. ඇසයි, රූපයයි, විඤ්ඤාණයයි එකතු වීමෙන් ඇසේ ස්පර්ශය

ඇතිවෙනවා. කනයි, ශබ්දයයි, විඤ්ඤාණයයි එකතු වීමෙන් කනේ ස්පර්ශය ඇතිවෙනවා. නාසයයි, ගඳසුවඳයි, විඤ්ඤාණයයි එකතු වීමෙන් නාසයේ ස්පර්ශය ඇතිවෙනවා. දිවයි, රසයයි, විඤ්ඤාණයයි එකතු වීමෙන් දිවේ ස්පර්ශය ඇතිවෙනවා. කයයි, පහසයි, විඤ්ඤාණයයි එකතු වීමෙන් කයේ ස්පර්ශය ඇතිවෙනවා. මනසයි, අරමුණුයි, විඤ්ඤාණයයි එකතු වීමෙන් මනසේ ස්පර්ශය ඇතිවෙනවා. අන්න එතකොට තමයි විඳීම හටගන්නේ.

එහෙම නම් විඳීම නිරුද්ධ වෙන්නේ ස්පර්ශය නිරුද්ධ වීමෙනුයි. ඒකත් එයා අවබෝධ කරනවා. විඳීම නිරුද්ධ වීමට නම් එයා ආර්ය අෂ්ටාංගික මාර්ගයම අනුගමනය කරන්නට ඕන. එතකොට එයා විඳීම නිරුද්ධ වන්නා වූ මාර්ගයත් අවබෝධ කරනවා.

දුකෙන් නිදහස් වීමේ සොඳුරු මාවත...

ආර්ය අෂ්ටාංගික මාර්ගයේ ගමන් කරනවා කියන එක ජීවිතයක සිදුවෙන ආශ්චර්යවත් සිදුවීමක්. හොඳට සැළසුම් සහගතව, නුවණින් විමසමින් තමන්ගේ ජීවිතය තුළට, ටිකෙන් ටික ගලපා ගනිමින් තමයි, ආර්ය අෂ්ටාංගික මාර්ගය ඇතුළට යන්න තියෙන්නේ. ආර්ය අෂ්ටාංගික මාර්ගය ඇතුළටම ගියොත් ඔබ පිරිනිවන්පානවා. ආර්ය අෂ්ටාංගික මාර්ගයට ඇතුළු වුණොත් අනන්ත සංසාරේ ඔබ ගෙවාගෙන ආපු දුක සදහටම ඉවර කරනවා. ඔබ කවදාවත් නිරයේ වැටෙන්නේ නැහැ. ඔබ කවදාවත් තිරිසන් යෝනියක උපදින්නේ නැහැ. ඔබ කවදාවත් පෙරේතයෙක් වෙන්නේ නැහැ. ආර්ය අෂ්ටාංගික මාර්ග යට ඇතුළු වුණොත් සතර අපායට ගෙනියන කර්ම ජීවිතෙන් සදහටම නැතිවෙලා යනවා. ඒක තමයි දුකෙන් නිදහස්වීම පිණිස ජීවිතයකට තියෙන ඒකායන විසඳුම.

තොණ්ඩුවට අහුවෙච්ච මුවෙක් වගෙයි...

ඊළඟට එයා විඳීමේ ආශ්වාදය අවබෝධ කරනවා. විඳීමේ ආදීනවයත් අවබෝධ කරනවා. විඳීම නිසා යම් සැපයක් සොම්නසක් ඇද්ද, එය විඳීමේ ආශ්වාදයයි. යම් විඳීමක් අනිත්‍යද, දුකද, වෙනස් වන ස්වභාවයට අයිතිද එය විඳීමේ ආදීනවයයි. මේ විඳීම කෙරෙහි ඡන්දරාගය දුරුකිරීමක් ඇද්ද, එය විඳීමේ නිස්සරණයයි.

දැන් බලන්න ගිහි ජීවිතය ගතකරන අය සැපක් විඳින්න හිතාගෙන කොයිතරම් දුක් විඳිනවාද. කොච්චර දුකක් වින්දත් අර පුංචි සැපය එයාව දුකේම තවරනවා. ඒක හරියට තීන්ත චුට්ටක් අරගෙන බිත්තියක අතුල්ලනවා වගේ වැඩක්. තමන් විඳපු දුක් ඔක්කොම අමතක කරලා අර පුංචි සැපය දුකේ තැවරුවට පස්සේ, එයාට දුක පේන්නේ නැහැ. එයාට පේන්නේ සැපය විතරයි. ඒ චූටි සැපය හොයාගෙන විශාල දුකක් විඳ විඳ එයා යනවා. මේ තමයි ජීවිතවල තියෙන සාමාන්‍ය තත්වය. හරි හම්බ කරන්න, ගෙවල් දොරවල් හදන්න දහදුක් විඳගෙන මහන්සි වෙනවා. ඒ තුළ පුංචි ආශ්වාදයක් තියෙනවා තමයි. ඒ නිසාම කොයිතරම් ආදීනවයක් තිබුණත් ඒක සළකන්නේ නැහැ. මේ විඳීමට අපි අහුවුණේ තොණ්ඩුවකට අහුවෙච්ච මුවෝ වගේ. මේ ජීවිතෙන් නිදහස් වෙන්න නම් විඳීම අවබෝධ කරන්නම ඕන.

විනාඩි කිහිපයක විඳීමට... නිරය උරුම කරගත් අවාසනාවන්තයෙක්...!

විඳීම අවබෝධ කරගන්න බැරුව, විඳීම ඉදිරියේ විශාල අමාරුවක වැටිලා ජීවිතය අවසන් වෙන අය ඉන්නවා.

ඔබ දන්නවා ඉර්ධිබල ලාභීන් අතර අග්‍ර උප්පලවණ්ණා කියලා රහත් භික්ෂුණියක් හිටියා. මේ රහත් භික්ෂුණීන් වහන්සේට "නන්ද" කියලා හොරෙන් ආල වඩන කෙනෙක් හිටියා. මේ මෝඩයා එතුමිය අරහත් භික්ෂුණියක් කියලාවත් තේරුම් අරගෙන හිටියේ නැහැ. දවසක් ඒ භික්ෂුණිය දුර ගමකට පිණ්ඩපාතේ වැඩලා පයින් ඇවිදගෙන ඇවිල්ලා මහන්සිය නිසා, දානේ වළඳන්න කලින් පාත්තරය පැත්තකින් තියලා තමන් හිටපු කුටියේ ඇඳේ හාන්සි වුණා. මේ රහත් භික්ෂුණිය හිටියේ කැලේ කුටියකයි. අර නන්ද මානවකයා එදා මේ කුටියේ ඇඳ යටට රිංගලා හැංගිලා හිටියා. උප්පලවණ්ණා රහත් භික්ෂුණිය ඇඳේ හාන්සි වුණා විතරයි, අර සතා යක්ෂයෙක් වගේ ඇඟට පැන්නා. භික්ෂුණිය එකපාරටම අවදිවෙලා කිව්වා. "අහෝ ! අවාසනාවන්ත තැනැත්ත, නුඹ නැසෙන්නයි හදන්නේ. වැනසෙන්නයි හදන්නේ. අයින්වෙයන්" කියලා. මේ පුද්ගලයා ඇහුවේ නැහැ. මහා ජයග්‍රහණයක් කරගත්තා වගේ, තමන්ගේ ලාමක ආශාව ඉෂ්ඨ කරගෙන කුටියෙන් එළියට පැන්නා.

එළියට පැන්නා විතරයි, මහ පොළව ඉරිලා යටට බැහැලා මිනිස් සිරුර පිටින්ම නිරයට ඇදගෙන ගිහිල්ලයි ඉවර වුණේ. පුදුමය කියන්නේ, මේ මිනිස් ශරීරය පිටින්ම පොළොව ඉරිලා නිරයට ගිහින් තියෙනවා. මේ විනාඩි දෙක තුනක විඳීමක් නිසා මුළු ජීවිත කාලයම නිරයේ වැටිලා දුක් විඳිනවා. තවමත් නිරි සතෙක් වෙලා නිරයේ දුක් විඳ විඳ ඇති.

වේදනාව නිසා විඳි දුක් අමතකද...?

විඳීම අවබෝධ කරගන්න බැරිවෙච්ච නිසාමයි, ජීවිතවල ගොඩක් අවුල් හැදිලා තියෙන්නේ. විඳීමේ

ආදීනවය සිහි නොකර ආශ්වාදය විතරක් සිහිකරන්න ගිහිල්ලයි, මේ ඔක්කොම විපත් වෙලා තියෙන්නේ. දැන් අපිම වේදනාව නිසා කොයිතරම් ආදීනව විඳිනවාද?

අපට කායික දුක් විඳීම් නැද්ද? මානසික දුක් විඳීම් නැද්ද? සමහර කායික දුක් ඉවසාගන්න බැරි තැන වහ කනවා. කායික දුක් ඉවසාගන්න බැරුව ගඟේ මුහුදේ පනිනවා. බෙල්ලේ වැල දාගන්නවා. කායික දුක් නිසා විතරක් නෙමෙයි, මානසිකව මිනිස්සු කොයිතරම් දුක් විඳිනවද? ඉවසාගන්නම බැරුව සමහරුන්ට පිස්සු හැදෙනවා. අපි එක එක්කෙනාගේ ජීවිත දිහා බැලුවොත් හොඳට තේරෙයි, "මේ ජීවිත කාලය තුළ කොයිතරම් කායික මානසික දුක් අපි විඳලා තියෙනවාද" කියලා. ඔබට පුදුම හිතෙයි, "ඇයි මට පිස්සු හැදුනේ නැත්තේ" කියලා. ඒ ඔබේ පිනක් නිසයි.

සමහරවිට අපි හීනෙකින්වත් හිතපු නැති විදිහට එක ප්‍රශ්නයක් ඉවර වෙනකොට තව එකක්. ඒක ඉවර වෙනකොට තවත් ප්‍රශ්නයක්. අපි දන්නේම නැතුව හිටපු ගමන් ප්‍රශ්න වැලක් එනවා. සමහර අවස්ථාවල අපි ඔළුව අල්ලගෙන දඟලනවා. ඉවසාගන්න බැරුව බිත්තියේ ගහගන්නවා. හොඳට සිහිකරලා බලන්න, ඔබේ ජීවිතයේ ඔබට මෙහෙම සිද්ධවෙලා නැද්ද කියලා. ඒක තමයි විඳීමේ තියෙන ආදීනවය. මේක අපි අවබෝධ කරලාමයි විඳීමෙන් නිදහස් වෙන්න තියෙන්නේ.

ප්‍රතිඵල නෙලූ වාසනාවන්තයෝ...

යම්කිසි කෙනෙකුට මේ විඳීම ගැන හත් පොලේ අවබෝධය ඇතිවුණොත්, එයා විඳීම කෙරෙහි කළකිරීම පිණිස, නොඇල්ම පිණිස, ඇල්ම නිරුද්ධවීම පිණිස

ප්‍රතිපදාවේ යෙදෙනවා. අන්න ඒ කෙනාට කියනවා "සුපටිපන්න" කියලා. යමෙක් විඳීම ගැන හත් පොළේ අවබෝධය ඇති කරගෙන, ඒ අවබෝධය තුළ පිහිටලා විඳීම කෙරෙහි කළකිරුණා නම්, නොඇල්ම ඇතිවුණා නම්, ඇල්ම දුරුකළා නම්, උපාදාන රහිතවම විඳීමෙන් නිදහස් වුණා නම් එයාට "සුවිමුත්ත" කියලා කියනවා. ඒ තමයි රහතන් වහන්සේ.

දර කොට වගේ වෙන්න එපා...!

දැන් බලන්න මේවා අහනකොට තේරෙන්නේ නැද්ද, මේක නම් අවබෝධ කරන්නේ ජීවිතය ගැන හිතන්න පුළුවන් කෙනෙක් විතරමයි කියලා. නිකං කණුවක් හිටවලා වගේ ඉඳගෙන කනකොට විතරක් කට හොල්ලලා, ජීවත් වෙන්නන් වාලේ දර කොට වගේ ඔහේ ඉන්න අයට නම් මේ ධර්මය අවබෝධ කරන්න බැහැ.

ජීවිතය ගැන ගැඹුරින් කල්පනා කරන්න පුළුවන්, නුවණින් විමසන්න පුළුවන් කෙනෙක් තමයි, මේක අවබෝධ කරන්නේ. ජීවිතය ගැන හිතන්න බැරි කෙනාට කිසිම ගානක් නැහැ. ඒ කෙනාට කිසිම බයකුත් නැහැ. ඔහේ ඉන්නවා. කෑවා, ඇන්ඳා, හිනාවෙවී ඔහේ හිටියා. දන්නේම නැහැ සිහි මුළාවෙලා මැරෙනවා. වැඩිපුරම ඉන්නේ ඒ ගොඩේ අය තමයි. බුදුරජාණන් වහන්සේ දවසක් භික්ෂූන් වහන්සේලාට වදාළා, "මේ මිනිස් ලෝකේ ජීවත් වෙන මිනිසුන් අතර මහ පොළොවේ පස් වගේ විශාල පිරිසක් ඉන්නේ ඒ ගොඩේ" කියලා. උන්වහන්සේ නිය සිලට පස් ටිකක් අරගෙන පෙන්නුවා, "ජීවිතය ගැන ගැඹුරින් කල්පනා කරන්න පුළුවන් අය, ආර්ය සත්‍ය අවබෝධය පිණිස බුද්ධිය මෙහෙය වන්න පුළුවන් අය ඉන්නේ, මේ වගේ සුළු පිරිසයි" කියලා.

හඳුනාගැනීමත් හය ආකාරයි...

ඊළඟට බුදුරජාණන් වහන්සේ වදාළා, එයා සඤ්ඤාව අවබෝධ කරනවා. සඤ්ඤාවේ හටගැනීම අවබෝධ කරනවා. සඤ්ඤාවේ නිරුද්ධවීම අවබෝධ කරනවා. සඤ්ඤාව නිරුද්ධ වන්නාවූ මාර්ගය අවබෝධ කරනවා. සඤ්ඤාවේ ආශ්වාදය අවබෝධ කරනවා. සඤ්ඤාවේ ආදීනවය අවබෝධ කරනවා. සඤ්ඤාවේ නිස්සරණයත් අවබෝධ කරනවා.

සඤ්ඤාව කියලා කිව්වේ, හඳුනාගැනීමටයි. හය ආකාරයකින් හඳුනාගන්නවා. ඇසෙන් රූප හඳුනා ගන්නවා. කනෙන් ශබ්ද හඳුනාගන්නවා. නාසයෙන් ගඳසුවඳ හඳුනාගන්නවා. දිවෙන් රස හඳුනාගන්නවා. කයෙන් පහස හඳුනාගන්නවා. මනසෙන් අරමුණු හඳුනා ගන්නවා.

අපි හැමදාමත් මිරිඟුවට රැවටුණා...

බුදුරජාණන් වහන්සේ වදාළා, "හඳුනාගැනීම හරියට මිරිඟුවක් වගේ" කියලා. ඇත්ත වගේ පේනවා. ඒ වුණාට ඇත්ත නෙමෙයි. අනිත්‍ය දේ පේන්නේ නිත්‍යයි වගේ. දුක් දේ පේන්නේ සැප දෙයක් වගේ. තමාගේ වසඟයේ පවත්වන්න බැරි අනාත්ම දේ පේන්නේ, තමාගේ වසඟයේ පවත්වන්න පුළුවන් ආත්මයක් වගේ. අසුභ දේ පේන්නේ සුභ දෙයක් වගේ. අන්න ඒ නිසා අපි සඤ්ඤාවට අහුවෙනවා. සඤ්ඤාව අවබෝධ කරන කෙනා මේක මිරිඟුවක් වගේ දකින්න ඕන.

සඤ්ඤාවේ හටගැනීම ඔබ දන්නවා. සඤ්ඤාව හට ගන්නේ ස්පර්ශයෙන්. ස්පර්ශය නිරුද්ධ වීමෙන් සඤ්ඤාව නිරුද්ධ වෙනවා. සඤ්ඤාව නිරුද්ධ වන්නා වූ මාර්ගය

ආර්ය අෂ්ටාංගික මාර්ගයයි. දැන් බලන්න එතකොට අපේ ජීවිතයේ තියෙන සෑම ප්‍රශ්නයකටම විසඳුම ආර්ය අෂ්ටාංගික මාර්ගයමයි. මේ ලෝකේ වෙන කිසිම විසඳුමක් ස්ථිර නැහැ. අනෙක් සියලුම විසඳුම් තාවකාලිකයි. ස්ථිර විසඳුමක් ලබන්න නම් ආර්ය අෂ්ටාංගික මාර්ගයේමයි ගමන් කරන්න ඕන.

ඊළඟට එයා සඤ්ඤාවේ ආශ්වාදයත් අවබෝධ කරනවා. සඤ්ඤාවේ ආදීනවයත් අවබෝධ කරනවා. සඤ්ඤාව නිසා යම් සැපයක් සොම්නසක් හටගන්නවද ඒක සඤ්ඤාවේ ආශ්වාදයයි. යම් සඤ්ඤාවක් අනිත්‍යද, දුකද, වෙනස් වන ස්වභාවයට අයිතිද ඒක සඤ්ඤාවේ ආදීනවයයි. සඤ්ඤාව කෙරෙහි යම් ඡන්දරාගයක් ඇද්ද, යම් ඇලීමක් ඇද්ද එය දුරුකළ යුතුයි. ඒක තමයි සඤ්ඤාවේ නිස්සරණය. මෙන්න මේ ගැන පැහැදිළි අවබෝධයක් ඇතිකර ගන්න ඕනි.

තවදුරටත් මුලා වෙමුද?...

සාමාන්‍යයෙන් මේ ලෝකේ හැමදාම තියෙන්නේ, හඳුනාගන්න ලෝකයට මුලාවෙන එකයි. මේ වෙනකොට අපි හඳුනාගත්ත කී දෙනෙක් අපිත් එක්ක තරහද. "පණ දෙන්නම්" කියාගෙන ළඟට එනවා. ඊළඟට කැති පොලු අරගෙන එනවා. දැන් ඔබේ ජීවිතය ගැනම ඔබ හිතලා බලන්න. කී දෙනෙක් නම් ඔබත් එක්ක රණ්ඩු අල්ලලා තියෙනවාද. කී දෙනෙක් නම් ඔබේ පස්සෙන් පන්න ගෙන ඇවිල්ලා තියෙනවාද. මේ පැන්නිල්ල මේ භවයෙන් ඉවර වෙන්නේ නැහැ. "...භවයක් භවයක් පසා මම උඹේ පස්සෙන් එනවා..." කියලා පන්නාගෙන එන අය නැද්ද? අපේ ජීවිතය අවසන් වෙනකොට ඒ ජාතියේ කට්ටියකුත්

පස්සෙන් එන්න කර්මානුරූපව සකස් වෙලා ඉන්නවා. ඊළඟට හිතවත්කම් හදාගෙන ආල වඩන තොගයකුත් පස්සෙන් එන්න කර්මානුරූපව සකස් වෙලා ඉන්නවා. මරණින් මත්තේ ආයෙමත් ඒ අය හම්බ වෙනවා.

ඔන්න ආයෙමත් පළිගන්න හිතාගෙන ආපු කෙනා දරුවෙක් වෙලා ඉපදෙනවා. දරුවා හම්බවෙලා ගෙදරට ගේනකොට හරි සතුටුයි. සැරෙන් සැරේ ඉඹ ඉඹ වඩාගෙන හුරතල් කර කර, ඒ දිහා බල බලා සතුටු වෙනවා. තරුණවීගෙන එනකොට, ඔන්න සංසාරේ පතාගෙන ආපු එක පටන් ගන්නවා. ඊට පස්සේ අම්මයි තාත්තයි පුතා එනකොට හැංගෙන්න ඕනි. කන්න දීලා බයේ ගැහි ගැහී ඉන්නේ. ලොකු වෙනකොට ඉන්නේ අර පුංචි කාලේ දැක්ක දරුවා නෙමෙයි, යකෙක් වගේ කෙනෙක්.

අපි පතන ලෝකය කවදාවත් මුණ ගැසෙන්නේ නෑ...

ඊළඟට ඔන්න සංසාරේ පළිගන්න ලෑස්ති වෙච්ච එක්කෙනා එනවා පෙම්වතා වෙලා. මෙයාට පේන්නේ, "අන්න වැලන්ටයින් කුමාරයා එනවා" කියලයි. රෝස මලක් අරගෙන ළඟට දුවගෙන යනවා. දූන් දෙන්නට දෙන්න නැතුව බැහැ. ගෙදර ඇවිල්ලා කරදර කරනවා. "මට එයා නැතුව බැහැ, බන්දලා දුන්නේ නැත්නම් මම ගඟේ මුහුදේ පනිනවා, වහ කනවා" කියලා අඬනවා. ඊට පස්සේ ඉතින් බේරෙන්නම බැරිතැන ඔන්න බන්දලා දෙනවා. බැඳලා මාසයයි, යක්ෂයයි යක්ෂණියි වගේ. එහෙම වෙන්නේ නැද්ද? ඕනෑතරම් එහෙම අය ඉන්නවා. අවුරුදු දහය පහළොව ආදරය කරලා බඳින්නේ.

බැඳලා මාසේ යනකොට යක්කු වගේ, එක්කෙනෙකුට එක්කෙනෙක් පෙන්නන්න බැහැ. අපි හඳුනගන්න ලෝකය එහෙම එකක්. ජීවිතය ගැන අපි හිතාගෙන ඉන්න ලෝකය කවදාවත් අපට හම්බ වෙන්නේ නැහැ. ඒක මිරිඟුවක් විතරයි.

මෙන්න ගැලවෙන මාවත...

සඤ්ඤාව කෙරෙහි හත්පොළේ අවබෝධය ඇති කර ගන්න කෙනා, සඤ්ඤාව කෙරෙහි තියෙන ඇල්ම දුරුකිරීම පිණිස ප්‍රතිපත්තියේ යෙදෙනවා. අන්න එයාට කියනවා "සුපටිපන්න" කියලා. යම්කිසි කෙනෙක් මේ සඤ්ඤාව ගැන හත් පොළේ අවබෝධය ඇති කරගෙන, සඤ්ඤාව කෙරෙහි කළකිරිලා, ඇල්ම නිරුද්ධ කරලා, ඇල්ම දුරුකරලා උපාදාන රහිතව සඤ්ඤාවෙන් නිදහස්වුණා නම් එයාට කියනවා "සුවිමුත්ත" කියලා. ඒ තමයි රහතන් වහන්සේ.

මෙතැන සංස්කාර කිව්වේ චේතනාවට...

ඊළඟට බුදුරජාණන් වහන්සේ වදාළා, එයා සංස්කාර අවබෝධ කරනවා. සංස්කාරයන්ගේ හට ගැනීම අවබෝධ කරනවා. සංස්කාර නිරුද්ධවීම අවබෝධ කරනවා. සංස්කාර නිරුද්ධ වන්නාවූ ප්‍රතිපදාව අවබෝධ කරනවා. සංස්කාරයන්ගේ ආශ්වාදය අවබෝධ කරනවා. සංස්කාරයන්ගේ ආදීනවය අවබෝධ කරනවා. සංස්කාරයන්ගේ නිස්සරණය අවබෝධ කරනවා. අන්න එයා තමයි සංස්කාරයන් ගැන හත්පොළේ අවබෝධය ඇතිකර ගන්නේ.

සංස්කාර කිව්වේ, චේතනාවට. දැන් මෙතැන කියනවා පුඤ්ඤාභිසංස්කාර, අපුඤ්ඤාභිසංස්කාර,

අනෙඤ්ජාභි සංස්කාර කියලා. ඒ කියන්නේ පිනට අනුව සංස්කාර සකස් වෙනවා. පවට අනුවත් සංස්කාර සකස් වෙනවා. ධ්‍යානවලට අනුවත් සංස්කාර සකස් වෙනවා. මේ ඔක්කොම සිද්ධ වෙන්නේ චේතනාව මුල් කරගෙන. බුදුරජාණන් වහන්සේ හය ආකාරයකින් සංස්කාර පෙන්වලා දුන්නා. රූපය මුල් කරගෙන චේතනා පහළ කරනවා. **(රූප සංචේතනා)** ශබ්දය මුල් කරගෙන චේතනා පහළ කරනවා. **(සද්ද සංචේතනා)** ගඳසුවඳ මුල් කරගෙන චේතනා පහළ කරනවා. **(ගන්ධ සංචේතනා)** රස මුල් කරගෙන චේතනා පහළ කරනවා. **(රස සංචේතනා)** පහස මුල් කරගෙන චේතනා පහළ කරනවා. **(ඵොට්ඨබ්බ සංචේතනා)** අරමුණු මුල් කරගෙන චේතනා පහළ කරනවා. **(ධම්ම සංචේතනා)**

කෙසෙල් ගසේ අරටු සොයා...

සංස්කාරයන්ගේ ස්වභාවය, "අරටුවක් හොයාගෙන යන කෙනෙක් කෙසෙල් ගහකට රැවටුණා" වගේ කියලා බුදුරජාණන් වහන්සේ වදාළා. සංස්කාරවලින් කිසිම දවසක අපට හරවත් දෙයක් දකින්න ලැබෙන්නේ නැහැ. නැසී වැනසී යන දෙයක්මයි මුණගැසෙන්නේ. අපි කාගේත් ජීවිත හරියට කෙහෙල් ගස් පතුරු ගහනවා වගේ.

චූටි කාලේ බොහෝම ලොකු ලොකු ඉස්කෝලවලට දාලා උගන්වනවා. ඊට පස්සේ විභාගවලට මහන්සි වෙනවා. විභාග ලියලා බොහෝම අමාරුවෙන් ඔන්න රස්සාවක් හොයාගන්නවා. ඊට පස්සේ පොරොන්දම් බලනවා. ඊට පස්සේ කසාද බඳිනවා. ඊට පස්සේ දුක් මහන්සි වෙලා ඉඩමක් අරගෙන හරි හම්බ කරන දෙයින් ගෙවල් දොරවල් හදනවා. ඊට පස්සේ මොකද කරන්නේ?

ආයෙමත් මොන්ටිසෝරි යනවා. ඇයි, පුංචි අය අරගෙන යන්න එපායැ. ඊළඟට ඉස්කෝලේ ගේට්ටුව ළඟ හිටගෙන ඉන්නවා. ඇතුළට යන්න බැහැ. ඇතුළ තහනම්. මේ විදිහට තමයි ජීවිත ගෙවෙන්නේ. දුක් මහන්සි වෙලා හරි හම්බ කරන දෙයින් ළමයින්ට අන්දව අන්දවා, රස කෑම ජාති කව කවා, හැඩ බල බලා සතුටු වෙනවා. ඊළඟට දරුවන්ට පොරොන්දම් බලනවා.

කෙහෙල් ගහේ පතුරු පේනවා...

ඔන්න දරුවෝ ලොකු වෙනකොට ඉල්ලනවා, "...කෝ මගේ කොටහ..." "...උඹට තමයි අර වත්ත..." "...බෑ බෑ මට මේකත් ඕන. අසවලාට දුන්න නම් මටත් ඒ වගේම ඕන. ඇයි අපි දරුවෝ නෙමෙයිද?..." ඊට පස්සේ ඔන්න කෙනෙහිලිකම් කරනවා. හරියට සළකන්නේ නැහැ. "අපිට බැහැ අම්මට සළකන්න" කියනවා. "...අපි විතරක්ද ඉන්නේ? ඇයි අසවල් කෙනා ළඟටත් යන්න. එයාලටත් අම්මලා දුන්න නේද? අපට වැඩිපුර දීලා තියෙනවද...?" කියලා අහනවා. ඔන්න ඊළඟට මල්ල අරගෙන ඊළඟ එක්කෙනා ගාවට යනවා. එතැන ගිහිල්ලා දාසියක් වගේ ගෙවල් අතුගාගෙන, වළං පිඟන් හෝදගෙන ටික දවසක් ඉන්නවා. ඔන්න එතැනිනුත් කෙනෙහිලිකම් කරනවා. "...අම්මා අපි ගාව විතරක් ඉන්නේ ඇයි? අසවල් තැනටත් ගියහම නරකද...?" ඔන්න දූන් කෙහෙල් ගහේ පතුරු ටිකෙන් ටික පේන්න ගන්නවා.

ඔන්න ඔහොම ගිහිල්ලා මෙයා ඕත්පොල වෙනවා. ඔන්න ලොකු දුව කියනවා. "...අපට විතරක් සලකන්න බැහැ. අපට විශේෂයක් කරලා නැහැනේ. උඹලටත් දුන්නා. උඹලත් ගෙනිහිල්ලා සලකපල්ලා..."

අන්තිමට අම්මට සලකන්න දරුවෝ නැහැ. මේවා තමයි සාමාන්‍යයෙන් හැමතැනම වගේ සිද්ධ වෙන්නේ. ඊට පස්සේ තමයි මහ ලොකුවට රටට පේන්න පාංශුකූලේ දීලා හාමුදුරුවන්ට කියලා පට්ටන්දරේ කියවා ගන්නේ.

ආයේ ආයෙමත් රැවටෙමුද...?

කොච්චර දුක් පීඩා වින්දත්, තමන් කෙහෙල් ගහක් පතුරු ගහලා තියෙන බව තේරෙන්නේ නැහැ. අන්තිමට ඇඳේ වැටිලා ඉඳගෙන කියනවා "...අනේ ! මට මේ ළමයි දාලා යන්න දුකයි.." කියලා. දැන් මේ වෙනකොට දරුවෝ කොච්චර කෙනෙහිලිකම් කළත්, මුණුබුරු මිණිබිරියෝ ටිකක් වටේට ඉන්නවා. ඒ පොඩි එවුන්ට මේ අලකලංචි තේරෙන්නේ නැහැ. ඒ අය ඇවිල්ලා අතගානවා. "...සීයේ, සීයේ... ...ආච්චියේ, ආච්චියේ..." කියලා. දැන් ඒ ගොල්ලන්ට තමයි මෙයා ආදරේ. ඔන්න ඇඳේ වැටිලා පණඅදින ගමන් කියනවා. "...අනේ ! මුන්ගේ මුහුණ බලන්නේ නැතුව මම ඉන්නේ කොහොමද...?" ඔන්න ආයෙමත් කෙහෙල් ගහක් මවනවා. මෙන්න මේ විදිහට කෙහෙල් ගස් පතුරු ගගහා තමයි අපි මේ සංසාරේ ආවේ.

මොහොතක් හිතන්න ආපසු හැරිලා...

ස්පර්ශය ප්‍රත්‍යයෙන් හටගන්න මේ සංස්කාර ස්පර්ශය නිරුද්ධ වීමෙන් නිරුද්ධ වෙලා යනවා. සංස්කාර නිරුද්ධ වන්නාවූ මාර්ගය ආර්ය අෂ්ටාංගික මාර්ගයයි. අන්න බලන්න කෙහෙල් ගස් පතුරු ගැහිල්ල නවත්වන්න නම්, ආර්ය අෂ්ටාංගික මාර්ගයමයි අපි අනුගමනය කරන්න ඕන.

ඊළඟට එයා සංස්කාරයන්ගේ ආශ්වාදයත් අවබෝධ කරනවා. සංස්කාරයන්ගේ ආදීනවයත් අවබෝධ කරනවා. සංස්කාර නිසා යම් සැපයක් සොම්නසක් හටගන්නවාද ඒක සංස්කාරයන්ගේ ආශ්වාදයයි. යම් සංස්කාරයක්, අනිත්‍යද, දුකද, වෙනස්වන ස්වභාවයට අයිතිද ඒක සංස්කාරයන්ගේ ආදීනවයයි. සංස්කාර කෙරෙහි යම් ඡන්දරාගයක් ඇද්ද ඒක දුරුකළ යුතුයි. ඒක තමයි සංස්කාරයන්ගේ නිස්සරණය.

මඩේ එරෙන අලි ඇතුන් වෙන්න එපා...!

දැන් ඔබට තේරෙනවා ඇති, කල්පනා කරන්න පුළුවන් කෙනෙක් විතරමයි මේක අල්ලා ගන්නේ කියලා. සමහර විට කල්පනා කරන්න පුළුවන් කෙනා මෙහෙම හිතුවොත් "...අනේ මට කල්පනා කරන්න බැරුව ඇති..." කියලා. එතකොට ඒ කල්පනා කරන්න පුළුවන් කෙනාටත් මාර්ගය වැහිලා යනවා. ඒක වෙන්නේ තමන් හිතන ක්‍රමයේ වැරැද්ද නිසයි. හිතන්න ඕන එහෙම නෙමෙයි. "මම නම් කොහොම හරි මේක අවබෝධ කරනවා. මම නම් කොහොම හරි මේකෙන් ගැලවෙනවා" කියලයි. අන්න එයා තමයි අවබෝධය කරා යන්නේ. අනිත් අය අවබෝධය කරා යන්නේ නැහැ. මඩ ගොඩේ වැටෙන අලි ඇතුන් වගේ මඩේම ගිලි ගිලී, උඩට එන්න බැරුව මඩටම වෙලා ඉන්නවා.

බුද්ධිමතුන්ට විවර වූ මාවත...

බුදුරජාණන් වහන්සේ වදාළා, මේ සංස්කාරයන් කෙරෙහි හත්පොළේ අවබෝධය ඇතිකරගෙන සංස්කාරයන් ගැන කළකිරීම පිණිස, ඇල්ම දුරුකිරීම පිණිස, ඇල්ම නිරුද්ධ කිරීම පිණිස ප්‍රතිපදාවේ යෙදෙනවා

නම් අන්න ඒ කෙනා "**සුපටිපන්න**" කියලා. සංස්කාර කෙරෙහි කළකිරිලා. ඇල්ම දුරු කරලා, ඇල්ම නිරුද්ධ වෙච්ච කෙනාට කියනවා "**සුවිමුත්ත**" කියලා.

විඤ්ඤාණයෙනුත් නිදහස් විය යුතුමයි...

ඊළඟට එයා විඤ්ඤාණය ගැනත් අවබෝධ කරනවා. විඤ්ඤාණයේ හටගැනීමත් අවබෝධ කරනවා. විඤ්ඤාණයේ නිරුද්ධවීමත් අවබෝධ කරනවා. විඤ්ඤාණය නිරුද්ධ වන්නාවූ මාර්ගයත් අවබෝධ කරනවා. විඤ්ඤාණයේ ආශ්වාදයත් අවබෝධ කරනවා. විඤ්ඤාණයේ ආදීනවයත් අවබෝධ කරනවා. විඤ්ඤාණයේ නිස්සරණයත් අවබෝධ කරනවා.

බුදුරජාණන් වහන්සේ වදාළා, විඤ්ඤාණය ගැනත් එයාට හත්පොළේ අවබෝධය අවශ්‍යයි කියලා. විඤ්ඤාණය හය ආකාරයි. විඤ්ඤාණය ඇසේ හටගන්නවා ඒක **චක්ඛු විඤ්ඤාණය.** විඤ්ඤාණය කනේ හටගන්නවා ඒක **සෝත විඤ්ඤාණය.** විඤ්ඤාණය නාසයේ හටගන්නවා ඒක **ඝාණ විඤ්ඤාණය.** විඤ්ඤාණය දිවේ හටගන්නවා ඒක **ජිව්හා විඤ්ඤාණය.** විඤ්ඤාණය කයේ හටගන්නවා ඒක **කාය විඤ්ඤාණය.** විඤ්ඤාණය මනසේ හටගන්නවා ඒක **මනෝ විඤ්ඤාණය.**

ඇහේ විඤ්ඤාණය හටගන්න නම්, ඇස් ඇරලා බලනකොට ඇහැට යොමු වෙච්ච මනසිකාරයක් තියෙන්න ඕනි. අන්න එතකොටයි ඇහැයි, රූපයයි, විඤ්ඤාණයයි එකතුවෙලා ස්පර්ශය හටගන්නේ. කනේ විඤ්ඤාණය හටගන්නත්, කනට යොමු වෙච්ච මනසිකාරයක් අවශ්‍යයි. නාසයෙන් ගඳසුවඳ දැනගන්නත්, නාසයට යොමු වෙච්ච මනසිකාරයක් අවශ්‍යයි. දිවෙන් රස දැනගන්නත් දිවට

යොමු වෙච්ච මනසිකාරයක් අවශ්‍යයි. කයෙන් පහස දැනගන්නත් කයට යොමු වෙච්ච මනසිකාරයක් අවශ්‍යයි. මනසින් අරමුණු දැනගන්නත් මනසට යොමු වෙච්ච මනසිකාරයක් අවශ්‍යයි.

මායාව නිර්මාණය කරන විජ්ජාකරු...

බුදුරජාණන් වහන්සේ වදාළා, "ඔහොම තිබ්බට විඤ්ඤාණය කියන්නේ සුළු පටු දෙයක් නෙමෙයි. විඤ්ඤාණය හරියට හතර මං හන්දියක බය නැතුව විජ්ජා පෙන්වන විජ්ජාකාරයෙක් වගෙයි" කියලා. හතරමං හන්දියට රැස්වෙන සියලුම දෙනා අර විජ්ජාකාරයාගේ මැජික්වලට රැවටෙනවා. අන්න ඒ වගේ තමයි, අපිත් විඤ්ඤාණයේ මැජික් එකට රැවටුණේ. කාලාන්තරයක් තිස්සේ ඉඳන් අපි මේ විඤ්ඤාණයේ මායාවට අහුවෙලා රැවටි රැවටී යනවා. මේකෙන් නිදහස් වෙන්න නම්, "මේ මායාව නිර්මාණය කරන විඤ්ඤාණයේ ක්‍රියාකාරීත්වය මේකයි" කියලා යථා ස්වභාවයෙන්ම අවබෝධ කරගන්න ඕන.

විඤ්ඤාණය කියන්නේ, නිත්‍ය දෙයක් නෙමෙයි. අනිත්‍ය දෙයක්. විඤ්ඤාණය කියන්නේ ස්ථිර වූ සදාකාලික දෙයක් නෙමෙයි. හේතූන් නිසා හටගන්න, හේතු නැති වීමෙන් නැතිවී යන දෙයක්. විඤ්ඤාණය හටගන්නේ නාමරූප වලින්. යම් තැනක වේදනා, සඤ්ඤා, චේතනා, ඵස්ස, මනසිකාර කියන පහත්, පඨවි, ආපෝ, තේජෝ වායෝ කියන සතර මහා ධාතූන්ගෙන් හටගත්තු රූපත් ඇද්ද අන්න එතැන විඤ්ඤාණයේ ක්‍රියාකාරීත්වය තියෙනවා. එතකොට අපි තේරුම්ගන්න ඕනෑ, විඤ්ඤාණය හටගන්නේ නාමරූප වලින් කියලා. එහෙම නම් නාමරූප නැතිවීමෙන් විඤ්ඤාණය නිරුද්ධවෙලා යනවා. නාමරූප

නැතිවීම ආවට ගියාට සිද්ධ වෙන්නේ නැහැ. ඒ සඳහා මාර්ගයක් තියෙනවා. ඒ තමයි අංග අටකින් යුක්ත ආර්ය අෂ්ටාංගික මාර්ගය.

තුන් ලොවට පහළ වූ ආශ්චර්යවත් උතුමාණෝ...

බලන්න මේ බුද්ධ දේශනා කොයිතරම් ආශ්චර්යවත් ද කියලා. බුදුරජාණන් වහන්සේගේ ප්‍රඥාව හරිම විස්මය ජනකයි. හැම බුද්ධ දේශනාවක් තුළින්ම අපට පේනවා, "උන්වහන්සේ ඒකාන්තයෙන්ම සම්මා සම්බුද්ධයි" කියලා. මේ දේශනාවල් අපට ලැබිලා තියෙන්නේ, උන්වහන්සේ තුළ තිබිච්ච බුද්ධ ගුණය නිසයි. ඒ අවබෝධ කොට වදාළ චතුරාර්ය සත්‍ය ධර්මය උන්වහන්සේ අන් අයටත් කියාදුන්නා. ඒ විතරක් නොවෙයි, උන්වහන්සේ "සත්ථා දේවමනුස්සානං." දෙවියන්ටත් නායකත්වය දෙනවා. මිනිසුන්ටත් නායකත්වය දෙනවා. දෙව් මිනිස් ලෝකයාටම නායකත්වය දෙනවා. මේ දේශනා වලින් ඒක හොඳටම පැහැදිලිව පේනවා.

ඊළඟට එයා විඤ්ඤාණයේ ආශ්වාදයත් අවබෝධ කරනවා. විඤ්ඤාණයේ ආදීනවයත් අවබෝධ කරනවා. විඤ්ඤාණය නිසා යම් සැපයක් සොම්නසක් ඇද්ද, ඒ විඤ්ඤාණයේ ආශ්වාදයයි. යම් විඤ්ඤාණයක් අනිත්‍යද, දුකද, වෙනස් වන ස්වභාවයට අයිතිද එය විඤ්ඤාණයේ ආදීනවයයි. විඤ්ඤාණය කෙරෙහි යම් ඡන්දරාගයක් ඇද්ද එය දුරු කළයුතුයි. එය විඤ්ඤාණයේ නිස්සරණයයි.

ජයග්‍රහණයේ මාවතට පිවිසෙමු...

විඤ්ඤාණය ගැන ඔය විදිහට හත්පොළේ අවබෝධය ඇතිවෙලා විඤ්ඤාණය කෙරෙහි කළකිරීම

පිණිස, ඇල්ම නිරුද්ධවීම පිණිස, ඇල්ම දුරුකිරීම පිණිස ප්‍රතිපදාවේ යෙදෙනවා නම් එයා "**සුපටිපන්න**"යි. යම් කිසි කෙනෙක් විඤ්ඤාණය කෙරෙහි අවබෝධයෙන්ම කළකිරිලා, ඇල්ම නිරුද්ධ වෙලා, ඇල්ම දුරුවෙලා නම් එයාට කියනවා "**සුවිමුත්ත**" කියලා.

දැන් බලන්න සුපටිපන්න කෙනෙක් වෙන්න නම් එයාට ජීවිතය ගැන ලොකු වැටහීමක් අවශ්‍ය වෙනවා. රූප, වේදනා, සඤ්ඤා, සංඛාර, විඤ්ඤාණ කියන මේ පංච උපාදානස්කන්ධය ගැනම හත්පොළේ අවබෝධය ඇතිකර ගන්න කෙනා තමයි කළකිරෙන්නේ. කෘතිම විදිහට කළකිරීමක් ගොඩනඟාගන්න බැහැ. ඒක අවබෝධයෙන් ඇතිවන එකක්. ධර්මයට අනුකූලව හිතන්න, තමන්ගේ චින්තනය හසුරුවනවා කියන එක ලේසි දෙයක් නෙමෙයි. හරියට ඉලක්කයට විදිනවා වගේ වැඩක්.

දන්න කෙනාට ප්‍රශ්න නැහැ...

හොඳට ධර්ම ඤාණයක් ඇතිවුණහම, "ධර්ම ඤාණයක් ඇතිවුණා" කියලා දැන ගන්න පුළුවන්. නියම පිරිසිදු ධර්ම ඤාණයක් එයා තුළ ගොඩනැගුනහම එයාට ප්‍රශ්න නැහැ. එයාට තියෙන්නේ ප්‍රශ්න කර කර යන එකක් නෙමෙයි. එයා කවදාවත් "අරක කොහොමද? මේක කොහොමද? ඕක ඔහොම වෙන්නෙ කොහොමද?" කිය කිය ප්‍රශ්න කර කර ඉන්නේ නැහැ. එයාට පැහැදිලිවම කරන්න දෙයක් තියෙන්නේ. එයා නිශ්ශබ්දව ධර්මය අවබෝධ කරන්න මහන්සි ගන්නවා. අන්න ඒක තමයි ධර්ම ඤාණය තියෙන කෙනා හොයන්න තියෙන ක්‍රමය.

නුවණින් විමසා පෙරටම යමි...

ඊළඟට බුදුරජාණන් වහන්සේ වදාළා, "එයා පංච උපාදනස්කන්ධය ගැන මේ විදිහට හත් පොලේ අවබෝධය ඇතිකරගෙන, ඊට අමතරව තවත් තුන් ආකාරයකින් යෝනිසෝ මනසිකාරයේ යෙදෙනවා" කියලා.

1. **ධාතුසෝ උපපරික්ඛති** - ධාතු වශයෙන් විමසා බලන්න ඕනේ.
2. **ආයතනසෝ උපපරික්ඛති** - ආයතන වශයෙනුත් විමසා බලන්න ඕනේ.
3. **පටිච්චසමුප්පාදසෝ උපපරික්ඛති** - පටිච්චසමුප්පාද වශයෙනුත් විමසා බලන්න ඕනේ.

බලන්න කොයිතරම් විස්මය ජනක දේශනාවක්ද කියලා. එදා බුදුරජාණන් වහන්සේ මේ දේශනාව කරද්දී, ස්වාමීන් වහන්සේලා නුවණින් විමසමින් වැඳගෙන අහගෙන ඉන්න ඇති. දේශනාව ඉවර වෙලා එහෙම්මම කැලෑවලට, ගස් සෙවණ යටට ගිහිල්ලා මේ විදිහට නුවණින් විමස විමසා ජීවිතය අවබෝධ කරන්න උත්සහ කරන්න ඇති. එච්චරටම හරි ප්‍රබල දේශනාවක්.

ඇයි අපට බැරි...?

මේ දේශනාව කරලා බුදුරජාණන් වහන්සේ වදාළා, "...මහණෙනි, යම් භික්ෂුවක් මේ හත්පොළේ අවබෝධයට දක්ෂවෙයිද, ධාතු වශයෙන්, ආයතන වශයෙන්, පටිච්චසමුප්පාද වශයෙන් නුවණින් විමසා බලන්න දක්ෂ වෙයිද, අන්න ඒ කෙනා තමයි මේ සද්ධර්මය තුළ

පරිපූර්ණත්වයට පත්වෙන කෙනා..." කියලා. "අන්න ඒ කෙනාටයි, මේ නිවන් මඟ අවසන් කරපු කෙනා කියලා කියන්නේ." ඒ තමයි රහතන් වහන්සේ.

එතකොට බලන්න, අපි මේ කතා කරන්නේ රහතන් වහන්සේලා බිහිකරන ධර්මයක්. මේක මේ ආවට ගියාට නිකම්ම නිකං බොළඳ විදිහට කතා බස් කරලා අවසන් කරන එකක් නෙමෙයි. රහතන් වහන්සේලා බිහිකරපු ධර්මයක්.

දැන් ඔබට මේ විදිහට අපේ වැඩසටහන් වලින් අහන්න ලැබෙන්නේ, කල්ප ගාණකින් බුදුරජාණන් වහන්සේලා පහළ වෙලා, උන්වහන්සේලාගේ සිරි මුව කමලින් නිකුත් වන ශ්‍රී සද්ධර්මයයි. මේ ධර්මය ඔබට ඇහෙන වෙලාවේ, ඔබේ හිතේ අධිෂ්ඨානයක් ඇති කරගන්න ඕනි "...මමත් කොහොම හරි මේ පංච උපාදනස්කන්ධය පිළිබඳ හත්පොළේ අවබෝධය ඇති කරගෙන සුපටිපන්න කෙනෙක් වෙලා මේ ගෞතම බුද්ධ ශාසනය තුළදීම චතුරාර්ය සත්‍ය ධර්මය අවබෝධ කරගන්නවා..." කියලා.

සාදු! සාදු!! සාදු!!!

☸ ☸ ☸

මහාමේඝ ප්‍රකාශන

www.ingramcontent.com/pod-product-compliance
Lightning Source LLC
Chambersburg PA
CBHW060659030426
42337CB00017B/2687
* 9 7 8 9 5 5 0 6 1 4 5 9 2 *